U0939328

禅的黄金时代

（中国台湾）吴经熊／著

吴　怡／译

海南出版社

·海口·

本书中文简体字版权由台湾商务印书馆授予海南出版社出版发行

版权合同登记号：图字：30-2023-069 号

图书在版编目 (CIP) 数据

禅的黄金时代 / 吴经熊著；吴怡译 . -- 海口：海南出版社，2014.11（2023.12 重印）

ISBN 978-7-5443-4819-5

Ⅰ . ①禅… Ⅱ . ①吴… ②吴… Ⅲ . ①禅宗 – 通俗读物 Ⅳ . ① B946.5-49

中国版本图书馆 CIP 数据核字 (2014) 第 223353 号

禅的黄金时代

CHAN DE HUANGJIN SHIDAI

作　　者：（中国台湾）吴经熊
译　　者：吴　怡
选题策划：李继勇
责任编辑：张　雪
封面设计：尚上文化
责任印制：杨　程
印刷装订：北京天恒嘉业印刷有限公司
读者服务：唐雪飞
出版发行：海南出版社
总社地址：海口市金盘开发区建设三横路 2 号
邮　　编：570216
北京地址：北京市朝阳区黄厂路 3 号院 7 号楼 101 室
电　　话：0898-66812392 010-87336670
电子邮箱：hnbook@263.net
经　　销：全国新华书店
出版日期：2014 年 11 月第 1 版　2023 年 12 月第 5 次印刷
开　　本：787mm × 1092mm　1/16
印　　张：15.5
字　　数：180 千
书　　号：ISBN 978-7-5443-4819-5
定　　价：52.00 元

【版权所有，请勿翻印、转载，违者必究】

如有缺页、破损、倒装等印装质量问题，请寄回本社更换。

禅门五宗法统图

六祖慧能（638—713）
青原行思（？—741）
石头希迁（700—790）
南岳怀让（677—744）
马祖道一（709—788）
天皇道悟（748—807）
龙潭崇信（不详）
德山宣鉴（782—865）
雪峰义存（822—908）
云门文偃（864—949）
玄沙师备（835—908）
罗汉桂琛（867—928）
法眼文益（885—958）
药山惟俨（751—834）
云岩昙晟（782—841）
洞山良价（807—869）
曹山本寂（840—901）
百丈怀海（720—814）
沩山灵祐（771—853）
仰山慧寂（807—883）
黄檗希运（？—850）
临济义玄（？—867）
南泉普愿（748—834）
赵州从谂（778—897）

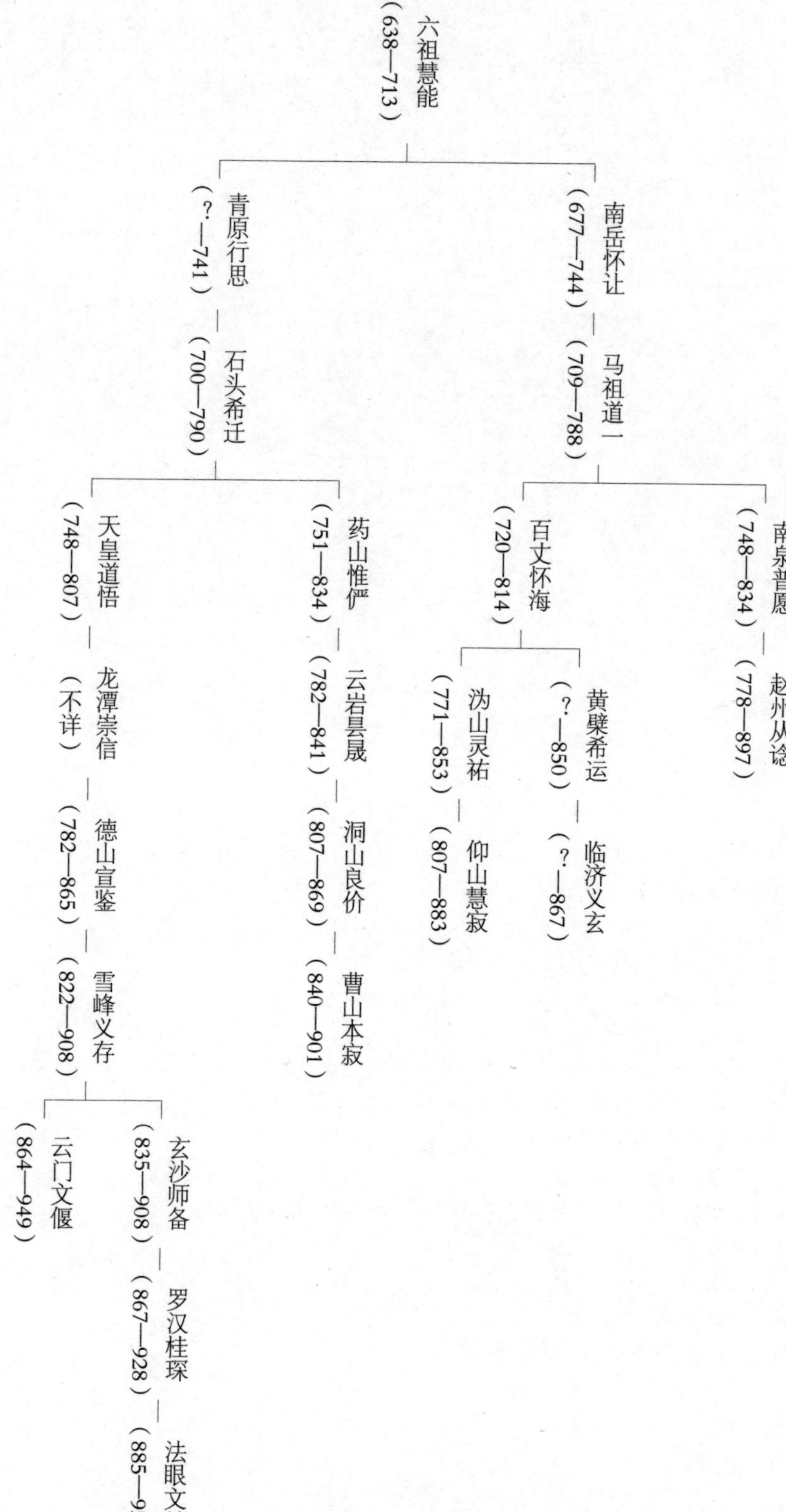

我在，故我思
——《禅的黄金时代》编辑手记

●李继勇

如果说举一个能集中国儒释道于一身的宗派，我想绝大多数人的第一反应就是禅宗。禅宗有着道家的自由天真，也有着儒家的社会关怀，更不用说其本身就是佛家的一支。在那个年代，东方本土的文化与来自天竺的佛学经过充分融合之后，猛然爆发出一股绝强的生命力，一代代禅宗祖师横空出世，六祖慧能、南岳怀让、马祖道一……他们将一个个本真的生命纯粹地呈现在世人面前，形成了中华文化史上蔚为壮观的气象。

做有价值的书，做经典、准经典的书，这是海南出版社一直以来的出版理念。禅宗的价值无须多说了，但有关禅宗的经典著述在哪里？坛经？灯录？诚然，坛经和灯录的经典也无须多说了。然而，由于时代的久远导致的语言隔阂，坛经和灯录的受众也受到了极大的限制。有没有一本书既能言说禅宗的精义、过往，又能让现代人毫无障碍地阅读接受呢？

搜索的目光自然而然地停留在台湾商务印书馆出版的这本《禅学的黄金时代》上了。很意外也很高兴的是，这本书在台湾这个狭窄的地域竟然都是将近百万册的销量，首先就从市场的角度印证了这本书的价值。台湾学者邢光祖先生在《禅与诗画》中对这本书推崇备至，认为这是禅学的经典代表著作，也是作者吴经熊个人著作中最好的一本，有诗之韵，融禅之美，也因此称作者为禅道诗人。

阅读这本书可以说是一种享受。优美的语言，睿智的洞见，活泼的生命，在书中交织呈现。每一个章节随便摘录都是让人深省而又沉醉的语句，这也让我在提取章节导引时常常犯难，难以取舍。然而最为惶恐的是这本书的编辑。大抵编辑都有这种惶恐，一本读来心旷神怡的好作品往往会在编辑过程中由于过于沉浸其中而忽视编校质量。因为好读，错别字自然就会隐藏得更深，也更容易让编辑忽视。在反复编辑的过程中，除了扫除错别字以外，也对于一些可能造成阅读障碍的词进行了编注，就如同禅师们经常提到的“老婆心切”——像老婆婆那样面对远行的亲辈，不能明说，只能唠叨而又贴心地叮嘱一些琐碎之事，却又热切地期望对方能突然明悟。面对这么经典的禅学著作，生怕有哪个语词让读者产生阅读障碍。个中患得患失之心，难以言述。

如果阅读这本书是一种享受，编辑这本书是一种惶恐，那么进一步的成书整体设计则是一种视野与心灵的开阔了。虽然这是一本禅史，但显然又绝不同于面目古板的史著，而第一版的靠近禅修的风格也是不恰当的。风格的定位让人大感踌躇。这既是一本有关宗教哲学的经典引述之作，更是一本有关人文心灵的生命体验之书。经典而不失温暖，深刻而保有明快。基于这种考量，这本书再版时在书名上也做了调整，把《禅学的黄金时代》的“学”字去掉了，以避免学术化，更彰显作者的宗教人文气息，从而归类于《人的宗教》系列：他们都从宗教的角度，以人文的学养，关怀着人世。对作者吴经熊的挖掘更是让人心情不能自抑：民国三大名家之一，其他两位（胡适、林语堂）那么有名，可知道吴经熊的又有几个呢？博古通今、学贯中西、超凡入圣……那么多的形容词在衬托着吴经熊，而我确实是通过这本书才开始了解这个民国名家的，我不由得感到庆幸。看看，托玛斯·弥尔顿是他的私塾弟子，徐志摩是他的至交好友，耄耋之年的霍姆斯视他为忘年交（14 年里给他写了 70 封信），卡多佐是他的密友，威格摩尔、庞德都为他写过揄扬的书评，称他是站在时代前列的法律哲学家……单是这一份资历，百年中国学者，几人堪与比肩?!

出版这样一本书是幸运的，有宗教的洞见，有人文的关怀，有生命的温度。这样的书，无疑是我们这个社会所需要的精神食粮，如同之前出版的《人的宗教》。这本《禅的黄金时代》出版后不但受到了读者的喜爱，也受到不少人士的推荐，像胡因梦、王邦雄，更难得的是，这本书还受到了清华大学和香港中文大学的推荐。我们错过了吴经熊的时代，我们还有吴经熊的文字，还有吴经熊的哲思。这些，我们不应该再错过了。

目　录

庄子都是同一流的伟人。他的思想言行被学生们编成了《坛经》一书。这是中国和尚所写的最伟大的佛学著作。在整部大藏经里，中国的作品被尊奉为“经”的，也只有这本《坛经》了。不仅如此，它在诸经中的地位，是可以和《金刚经》《法华经》《维摩诘经》并驾齐驱的。

“教外别传，不立文字，直指人心，见性成佛。”在慧能生前，并没有这四句偈的流传。至于这四句偈对慧能来说，也不能过分执着字义，因为慧能重视心的直证，他的见解和悟力正像奔泉一样，是不受这四条原则所限制的。我们之所以用这四条原则来看慧能的思想，乃是以此为权宜，去了解他的真精神。

在中国禅宗史上，自慧能以后，最重要的人物就是马祖道一了。道一在死后被称为马祖，这是学生们对他的尊奉。大家都知道衣钵到了慧能手中便不再传下去，这意味着此后不再有祖师了，因此马祖这一称呼便应乎普遍的需要而产生。尤其马祖的“马”一字是道一的俗姓，在佛家的僧侣中以俗姓为称呼的，可能只有马祖一人了。

对所有的禅师来说，整个生命就是一个大公案。在我们一开始真实生活时，便应该参破这个公案。只要我们真实地活着，一切平凡的事都会变得非常奇妙。

有一次，一位儒生去见他，被他的智慧所感动而说：“你真不愧为一位古佛。”赵州立刻回答：“你也是一位新如来。”赵州这话并不只是

译者前言

邢先生深通禅学，
其推崇如此，
相信读过本书的朋友们，
也都会产生共鸣。
不过甘泉虽好，
还须自己亲尝。
唯有真人才能识真人，
而每个人都有自己的真人。

禅是不能谈的，这是禅的教条之一。历代的祖师们都主张“言语道断”，要一开口就打，因此德山禅师宣布：

“道得也三十棒，道不得也三十棒。”

但禅又是不能不谈的，这也是禅的一个特质。历代的祖师们都在苦口婆心地谈，正如云门禅师的感慨：“莫道今日谩诸人好。抑不得已向诸人前作一场狼藉。忽遇明眼人，见成一场笑具，如今避不得也。”因此在这里颇令人进退为难，谈禅则不是，不谈也不是。那么究竟怎样办呢？最安全的也许是：该谈的时候谈，不该谈的时候不谈。话说得投机，千句嫌少，否则，半句也多。例如六祖慧能的《坛经》，石头禅师的《参同契》，尽管写了那么多文字，却令人觉得句句真切，毫不嫌多。相反的，某和尚只说了“若论正因，一字也无”几个字，却被隔壁的老和尚讥为：“好一釜羹，被一颗鼠粪污却。”

然而要怎样才能句句投机呢？其实要想去投机，早已错过了机。禅本无定法，当然不会有一套谈禅的艺术公式。但不可否认的是，禅师的谈话技巧，却是最高的艺术。世界上任何一位演说家，也比不过禅师们那样善于说法。事实上，这里面并没有什么奥秘，否则便不是禅了。孔子曾说：“七十而从心所欲，不逾矩。”庄子也曾说过：“有真人，而后有真知。”这是说只要你自心达到了那个境界，自然你的所作所为都能恰到好处。否则，即使用尽心机，也只是东施效颦而已。因此必须自己是真人之后，你所领会的才是真知。这时，无论谈也好，不谈也好，都是货真价实的禅。

本书的作者，吴师德生博士，可说完全符合前面两句话，他已达不逾矩之年，而且也是一位真人。不过笔者这里所谓真人，并没有包含任何玄味，只是如禅宗所谓真正能披露自己的人。譬如说，他是一位虔诚的天主教徒，然而又衷心地喜爱禅理。这两者对他来说毫不矛盾，因为他已超越了两者的樊篱。这并不是说他离经叛道，抹杀了上帝或佛，而是说他有一个真正的自我，他的喜爱是真正从自心中流出的。

在本书中，他这样描述六祖的《坛经》:“《坛经》并不是一本绞尽脑汁的学究之作，而是出自一位真人的肺腑之言，其中的一字一句，都像活泉中所喷出的泉水一样，凡是尝过的人，都会立刻感觉到它的清新入骨，都会衷心地体验到它是从佛性中流出的。”其实用这段话来描述本书，也是非常得体的，因为笔者翻译本书，能在短短两个月内一气呵成，可见原文的深入浅出，炉火纯青。当然译稿中不免有许多与原文有出入的地方，但吴博士却笑笑说:

“就依照你自己的文笔来译吧！译稿唯有能文如其人地像译者自己，才是真正地忠于原文。”

这话又是何等的深刻，何等的气度啊！

在脱稿时，吴博士曾嘱笔者写一篇导言附于书中，但笔者深感“游夏不能措一词”！这一釜大好的羹汤，岂容笔者投下鼠粪！因此特地引证邢光祖先生在《禅与诗画》文中的一段赞评:

“吴先生所著英文的《禅的黄金时代》一书，据管见所及，也许是台湾学术界出版的第一册好书，同时也是吴先生所著诸书中对中国学术贡献最大的一本，笔者敢于预料该书将成为禅学的代表作。吴先生是中国的铃木大拙，该书广征博引，剖析入微，并能融合各家，包罗万象，非深下工夫，不能有此成就。吴先生在该书内非仅以诗论禅，抑且文笔有诗之美，尤为难得，其中甚多系铃木大拙所

未能抉发者。”（《华冈佛学学报·禅与诗画》）

邢先生深通禅学，其推崇如此，相信读过本书的朋友们，也都会产生共鸣。不过甘泉虽好，还须自己亲尝。唯有真人才能识真人，而每个人都有自己的真人。笔者只是一个多嘴的媒婆，如果再说下去，明眼的真人们就会请笔者吃棒喝了。

第一章

禅的起源

因此禅便在一朵花和一个微笑之间诞生了。

你也许以为这故事太美了，

可能不是真的，

而我却认为正因为它太美了，

不可能是假的。

禅的生命并不依靠历史的事实。

无论是谁创造了这个故事，

显然他已把握住禅的精神——

因花微笑，由笑花开。

禅，像所有活泼的传统一样，起源充满了神话和传奇。因此禅的开展，也自然和释迦牟尼发生了关系。

据说，有一次，释迦牟尼在灵山会上说法，他拿着一朵花，面对大家，不发一语。这时听众们都面面相觑，不知所以。只有迦叶会心一笑。于是，释迦牟尼便高兴地说：

"吾有正法眼藏，涅槃妙心，实相无相，微妙法门，不立文字，教外别传，付嘱摩诃迦叶。"

因此禅便在一朵花和一个微笑之间诞生了。你也许以为这故事太美了，可能不是真的，而我却认为正因为它太美了，不可能是假的。禅的生命并不依靠历史的事实。无论是谁创造了这个故事，显然他已把握住禅的精神——因花微笑，由笑花开。

迦叶，据说是印度禅的初祖，在他以后传了二十七代，至达摩是第二十八祖，也是印度禅的最后一祖。自达摩来到中国后，便成了中国禅的初祖。所以达摩在禅宗史上，可说是沟通中印思想的一座桥梁。

印度禅的这二十八祖的法统据考证是后人捏造的（译者按，胡适博士在《荷泽大师神会传》中曾有考证），在梵文中也没有印度禅宗法统的记载。禅宗的这个"禅"字本来是从梵文"禅那"的音译变来的，但两者意义上有很大的差别。"禅那"是指一种精神的集中，一种有层次的冥想，而"禅"，以中国祖师所了解的，那是指对本体的一种顿悟，或是指对自性的一种参证。他们一再地提醒，冥想和思索，都会失去禅的精神。

胡适博士曾发挥说：

“中国禅并不是来自印度的瑜伽或禅那，相反的，却是对瑜伽或禅那的一种革命。”

也许这不是一种有目的的革命，而是自然的转变，但无论是革命或是转变，“禅”不同于“禅那”却是事实。铃木大拙博士曾说：“像今天我们所谓的禅，在印度是没有的。”

他认为中国人把禅解作顿悟，是一种创见，也足证中国人不愿囫囵吞枣似的吸收印度佛学，他说：

“中国人的那种富有实践精神的想象力，创造了禅，使他们在宗教情感上得到了最大的满足。”

以笔者的看法，禅宗的形成最早是受到大乘佛学的推动，否则单靠老庄等道家思想的复兴，实不足以构成禅宗那种生龙活虎的精神。不过说起来好像是矛盾的，由于大乘佛学的推动，老庄的透彻见解在禅的方式上获得了复兴和发展。托马斯·默顿（Thomas Merton）先生曾极有见地地说：

“唐代的禅师才是真正继承了庄子思想影响的人。”

我们也可以说，禅师们最根本的悟力是和老庄的见地一致的，《道德经》的第一、二两章便说出了禅的形而上基础。至于禅和庄子的关系，铃木大拙博士分析得非常清楚，他说：

“禅师最明显的特质在于强调内心的自证。这种自证和庄子的坐忘、心斋及朝彻是如出一辙的。”

如果这种说法不错，那么庄子的根本精神便是禅的核心。唯一的不同，是庄子仍然停留在纯粹的悟力中，而禅则发展为一种导致开悟的训练，这种训练也是今天日本禅的特殊贡献。

因此懂得庄子心斋、坐忘、朝彻的境界后，将有助于我们了解禅的本质，下面笔者将分别予以说明。

1. 心斋：

“心斋”见于《庄子·人间世》中孔子和颜回的一段对话，据说颜回有一次要到卫国去游说，孔子浇了他一盆冷水，认为他本身的功夫还没有做到纯一不乱的境界，如果贸然去谏，非但无益，反而有害。于是颜回便向孔子请教方法，孔子告诉他要“心斋”：

> “若一志，无听之以耳而听之以心，无听之以心而听之以气。听止于耳，心止于符。气也者，虚而待物者也。唯道集虚。虚者，心斋也。”

2. 坐忘：

“坐忘”两字的原意，莱格（Legge）译为“我坐着而忘了一切”，伽尔斯（Ciles）和林语堂译为“我坐着而忘了自己”，冯友兰译为“忘了一切”，铃木大拙译为“心忘”，我认为这个“坐”字不应从字面上去体味，它的意思，可以说是坐于忘，或沉入于忘的境界。这个忘的范围很广，包括了忘己和忘物，不仅要坐着才能忘，而是在任何情形中都能忘。下面是庄子描写有关坐忘的故事。

有一次，颜回告诉孔子说他的功夫大有进步，已忘了仁义，孔子认为他还不够深刻。过了几天，他告诉孔子说他已忘了礼乐，孔子仍然没有加以赞许。再过了一段时间，他又告诉孔子说他已“坐忘”了。这境界连孔子也有所不知，反问颜回，颜回解释说：

> “堕肢体，黜聪明，离形去知，同于大通，此谓坐忘。”

3. 朝彻

“朝彻”是道家修炼的一种境界，庄子曾描写过一段有关朝彻的故事。

有一次，有人问女偊，为什么她年纪那么大了，但容貌还是像小孩一样。女偊告诉那人这是自己得了道的功效。那人又问女偊，他是否可以学道。女偊坦白地说他不是学道的材料，接着便把自己教学生卜梁倚的经过告诉了他：

> “以圣人之道告圣人之才，亦易矣。吾犹守而告之，参日而后能外天下；已外天下矣，吾又守之，七日而后能外物；已外物矣，吾又守之，九日而后能外生；已外生矣，而后能朝彻；朝彻，而后能见独，见独，而后能无古今；无古今，而后能入于不死不生。”

上面，笔者之所以冗长地引证了庄子的这三段文字，乃是因为其中包含了很多禅的种子。当然我们不能否认禅师们都是佛家，但他们对老庄思想的偏爱，却影响了他们在佛学中选取了那些和老庄相似的旨趣，而做特殊的发展。

此外，庄子“真人”的思想也深深影响了后来的禅师，最显著的是临济义玄，他开展出来的临济宗就以真人为最高境界。庄子最重要的一个观念是“有真人，而后有真知”，这是强调存在先于知，这也是禅的一大特色——先存在而后能知。禅的思想正好和笛卡儿的“我思故我在”相反，而是“我在故我思”。

美国弗吉尼亚州一位名叫麦克法登（William C. Mcfadden）的教授曾召集了一个为期三日的各大学学生会议，讨论导致目前大学青年紧张心理的因素，他在《是什么使他们烦恼》一文中简述会议的经过时说：

> “当一切可能的紧张因素都被列举出来后，一位学生

说：‘这些原因统统是，又统统都不是。我总觉得还有一个别的原因。’另一位附和说：‘我也觉得有那么一个说不出的东西使我烦恼。’又有一位说：‘这个令人烦恼的东西，好像是虚空无物的，但是如何才能描写这个虚空呢?’还有些人认为是缺少真或美所致。但这些看法都立刻被否定了，大家都觉得这个东西恍恍惚惚，不可名状，最后有一位口若悬河的学生做了如下的结论，他说，‘在我们的心灵中，总觉得欠缺空间，使我们透不过气来’。”

麦克法登教授接着发挥说：

“人类心灵的不安由来已久，他们寻求绝对，寻求不朽，寻求永恒，寻求无限。但事实上这个绝对既然是无限的，那么一定是不可捉摸的，不可界限的，是一种类似虚空无物的东西。这个无限如果可以界限的话，那就不再是无限了。”

这位作者并没有想到禅和道家，但他却揭示出了一个极为生动的看法，使我们了解为什么禅和道家是如此吸引西方青年。他们希望从禅和道家中去寻求那个使他们烦恼的东西。他们已厌倦那些既定的观念以及传统的宗教信条。传统的神学对他们来说，好像几何学一样，只强调那些可以传达的，而完全忽略了那些不能传达的。这个不能传达的东西就是禅和道家探讨的天地。禅和道家并不是真能传达那个不能传达的东西，而是他们有方法把它引托出来，使我们的心境开阔，有更多呼吸的空间。

中国精神的最大特色，是不喜做有系统的观念说明，我们最动人的诗，就是那些“言有穷而意无尽”的绝句，能够用字、声、色

所表现的，都不是最真实的。中国精神超越了字、声、色，它是借字以写无限，借声以说无响，借色以明无形，也就是借物质以烘托精神。

斯特雷奇（Lytton Strachey）读了伽尔斯所译的中国诗后，曾比较希腊和中国诗的差别说：

“希腊的艺术，在文字方面的造诣，是世界上最完美的，它永远寻求最好的表现，在希腊诗集中最精彩的抒情诗，实质上都是格言式的，这和中国的抒情诗大不相同。中国诗不是格言式的，它要留下一个印象，这个印象不是终结的，而是无穷境界的开端。它完全是呈现在一种不可思议、只能意会不能言传的气氛中。”

譬如李白的那首五言绝句：

“美人卷珠帘，深坐颦蛾眉。但见泪痕湿，不知心恨谁。”

斯特雷奇曾评赞这首诗说：

“突然地，帘子卷起来了，一刹那间，呈现出一幅动人的图画，使我们的心灵化作一艘游艇，在不可思议的、愈流愈广的想象之河上飘荡。这一类的诗，富于写意，但并不是一个摄影式的记录，而是把切身体会到的经验，用微妙的笔触表达了出来。”

这就是中国的诗画和生活艺术的风格，这也就是禅的风格，在这方面，禅可以说是中国精神的象征。

西方文明，可说是希腊精神的产物，在目前已呈现出饱和状态，所以西方的好学深思之士，反而感觉不足，也就在这时，他们认识到东方的伟大。由于东方人都把注意力集中于西方的科学文明，因此禅的那种两难的论法对西方人的吸引力远胜过东方人，事实上，今天禅的精神已渗入到西方思想的前锋，将来又会反转来影响东方。人性本是一致的，是超越了东西方的，而且唯有超越东西，才能综合东西。假如我要做个预言的话，我会说这种综合将先成熟于西方，然后再散布到全世界。

东方人最好记得艾伦·维特（Alan Watts）所说：作为禅学源头的庄子哲学是和现代人的境遇息息相关的。维特认为庄子和德日进[①]（Teilhard de Chardin）在把宇宙看成一个有机整体的一点上是相同的。这种看法比起牛顿把宇宙看成像弹子球撞击那样的机械化来，显然是更近于20世纪的科学了。

另一方面，西方人也应认清禅并不是完全没有理性和节奏的，它的疯狂中自有法则，默顿说得好：

> “在某些西方人圈子里所流行的禅只是适合于精神上的混乱而已。它表现了他们对习俗、伦理和宗教的一种不可理解的不满。它象征了他们在机械所窒息的世界中要恢复自性的迫切需要。但是由于只恢复意识经验，西方的禅学带有道德放任的色彩，而忽略了中国和日本禅宗那种严格的训练和严肃的传统。庄子的思想也是如此。他易被今天一般人误作放荡不羁，其实庄子早就强调不要劝别人去

① 德日进，法国哲学家，也是地质学家、古生物学家、教士，曾参与鉴定北京人化石——编注

做他们自己所不知的事情。我们要了解庄子对儒家的批评是怀疑的，也是很实际的。庄子的哲学在本质上，是宗教的、玄秘的，是追求一种绝对圆满的境界。”

笔者撰写本书的目的，就是希望描绘出禅的真面目。本书之所以只写唐代的大禅师，乃是因为由于他们的真知彻悟和特出的个性才创造了禅宗。

在六祖慧能手中，才形成了中国的禅宗，自他以后的大禅师像南岳怀让、青原行思、马祖道一、石头希迁、百丈怀海、南泉普愿、赵州从谂、药山惟俨和黄檗希运等都把禅宗发展到成熟的阶段，而演化为禅宗的五家。其实这五家都是源流共沐的。虽然有他们各自的宗风，但都来自慧能，而植根于老庄。

沩仰宗强调机和用、信位和人位及文字和精神之间的差别。沩山在得意忘言这一点上是和庄子完全相同的。

曹洞宗以自忘来完成自我的实现。

临济宗认为无位真人就是真实的自我。

云门宗一面逍遥于无极，一面又回返人间。

法眼宗完全植根于庄子的“天地与我并生，万物与我为一”。

禅宗可以说是道家结合了佛家的悟力和救世的热情所得的结晶。假如佛学是父亲，道家是母亲，那么禅宗这个宁馨儿①不可否认是比较像他的母亲了。

---

① 宁馨儿，晋宋口语，原指“这样的孩子”，略带贬义，后用来赞美孩子或子弟——编注

第二章

壁观婆罗门——达摩

慧可有一次问达摩：

“我的心不安，请师父替我安心。”

达摩反问：

“请把心拿来，我替你安。”

过了好一会儿，慧可回答：

“我已寻了很久，可是找不出心来。”

达摩回答：

“好，我已把你的心安好了。”

这是中国禅宗的第一次传灯，达摩便成了中国禅宗的第一祖。

他所运用的方法，是反问法的典型例子，也是整个禅宗传统的一大特色。

我们都知道，禅宗的真正开创者是慧能，但在当时已有达摩及其后继者的传说。由于前人对达摩的记载纷纷不一，因此今天我们已无法知道他究竟是谁、究竟在什么时候来到中国的。有人说他是波斯的和尚，在公元 480 年来到中国，也有人说他是属于南印度的婆罗门族，在公元 527 年来到中国，死于 536 年。在本书中，我们无须去为这种说法辩证，不过后一种说法在慧能当时已流行，而且确认达摩曾见过梁武帝。究竟这种传说含有多少史实，虽不可知，但却为唐代的禅师们所公认，把它当作活的传统。

依据这个传统，达摩于公元 527 年到了中国南方，便受梁武帝之邀到建康（今南京），这位信佛虔诚的皇帝便问：

“自我登位以来，建了不少庙，印了不少经，供养了不少和尚，是否有很大的功德？”

达摩回答：

“没有。”

梁武帝奇怪地问：“为什么没有呢？”

达摩回答：

“因为你所做的只是一点世俗的小果报而已，谈不上真功德。”

梁武帝又问：

“那么，什么才是真功德呢？”

达摩回答：“真功德是最圆融纯净的智慧，它的本体是空寂的，你不可能用世俗的方法去得到它。”

梁武帝又问："那么，什么才是圣智呢？"

达摩回答：

"廓然无圣。"

梁武帝不禁诧异地问：

"既然无圣，那么，你是谁？"

达摩回答：

"不认识。"

达摩发现梁武帝和他没有缘分，便渡过长江，到了河南的嵩山，住在少林寺中，据说他整天面壁而坐，有人便称他为壁观婆罗门。

关于"壁观"两字，有人就字面上解释，也有人就精神上了解，例如铃木大拙认为，"壁"的意思是精神集中，屏息诸缘。他把壁观解作《金刚经》中所谓的觉观，这是指一种开悟的境界。以笔者的看法，这个"壁"字，是指我们突然面临着一片悬崖绝壁，无法以普通方法攀缘而过。这使我想起了颜回向孔子问学，到最后耗尽了心智，好像突然面临着绝壁时，不禁叹道：

"既竭吾才，如有所立卓尔。虽欲从之，末由也已。"

在这里，我们无须去辩证"壁观"究竟应从字面上来解，或精神上来看，也许两者都兼而有之。

最值得注意的是，达摩并不反对读经，而且还热心地以那部充满了玄味、极为烦琐的《楞伽经》教人。事实上，他是印度人，脱不了印度教的传统，所以他被认为是婆罗门教徒也是不无原因的。

达摩留下的唯一著作是一篇关于入道二法门的散文，虽然这篇文字和后代禅师的风格大有不同，但值得重视的是，它至少可以作为后代禅宗发展的背景。

入道的法门很多，达摩把它们归纳为二途，就是"理入"和"行入"。

所谓理入就是由教理入道，相信有生之物都具有共同的真性，只是被外物所障蔽，未能发挥出来罢了，因此我们要舍伪归真，专心于壁观，达到物我双忘、凡圣等一的境界，这样才能寂然无为，与道相合。

所谓行入有四种，就是：

①**报怨行**：求道时如果遭遇困苦，应想到这是前世造的孽，现在虽然已不作恶，但却仍须承受以前的报应。能够体念到这一层，便不会怨天尤人，而能逢苦不忧，化怨愤以入道。

②**随缘行**：我们应知道世界本无我，一切苦乐都是外缘，荣辱祸福，都是前世的孽，现在虽有，但缘尽了又归于无，因此得之不喜，失之不忧，一切都随缘而行。

③**无所求行**：世人常常执迷不悟，贪求无厌。而修道的人却不然，他们能够处心于无为，顺天安命。深知生活在这个世界中，苦海无边，正像热锅上的蚂蚁，无处可安。真是所谓“有求皆苦，无求乃乐”。

④**称法行**：佛法就是纯粹的至理。这个至理光明纯洁，不受污染，不分彼此。正如经中所谓“法无众生，离众生垢故；法无有我，离我垢故”，有智慧的人懂得这个道理，便应该一切循道而行。

以上所论在宗教的文学中，无疑是一颗光芒四射的珠宝。它显示了作者在佛教和印度教的作家中，是位杰出的人才。他的“二入”，和基督教中所谓的“冥想之路”和“实践之路”甚为相似。这个生死和孽的观念在佛教和印度教中，都是属于信仰的范围。但在那篇文字里，这两个观念也都没有脱离理性的思考。达摩“行入”的重要，并不是在于它是实践的或入世的，而是在于它把理和法看成一体，合为一条方法。这种把抽象和具体打成一片的精神，也许是中国思想带给达摩的。

但尽管这篇文字颇为深刻，却不是后代禅宗的特色，因为在该文中，没有顿悟、棒喝、公案和那些幽默的言辞及美丽的构想。

假如达摩和后代的禅宗之间有所关联的话，那可能是他运用反问法（即逆喻法）来开导学生。例如，二祖慧可有一次问达摩：

“我的心不安，请师父替我安心。”

达摩反问：

“请把心拿来，我替你安。”

过了好一会儿，慧可回答：

“我已寻了很久，可是找不出心来。”

达摩回答：

“好，我已把你的心安好了。”

这是中国禅宗的第一次传灯，达摩便成了中国禅宗的第一祖。他所运用的方法，是反问法的典型例子，也是整个禅宗传统的一大特色。达摩，像后代的所有禅师一样，并不否定心的存在，但慧可拼命地要去寻、去安的心，并不是真心，而是一种幻影。真心是常安的，是思想的主体。当我们想到它或要把握它时，便不是主体，而是客体，当然也就不再是真心了。达摩告诉慧可他的心已安，只是指示他真心是常安的，无须再去安了。达摩要慧可拿心来，只是要他自己发现他所谓的心是虚幻的。这样一来，由于祖师这种出人意料的话，唤起了学生的直观，使他体悟到自己的真心。

在公元536年的某一天，他感觉自己应该离去了，于是便召集学生，要他们发表悟境。有一位名叫道副的学生说：

“依我的看法，我们应该不执着文字，也不舍弃文字，要把文字当作一种求道的工具来运用。”

达摩听了后便说：

“你只得到我的皮。”

有一位尼姑说：

“依我所了解的，就像庆喜看到了阿閦佛国，一见便不再见。”

达摩回答：

“你只得到我的肉。”

另有一位名叫道育的学生说：

“地水火风等四大本来是空的，眼耳鼻舌身等五蕴也非实有，依我所见，整个世界没有一法存在。”

达摩回答：

“你只得到我的骨。”

最后，慧可行了一个礼，仍然站在那里不动。达摩便对慧可说：

“你已得到了我的髓。”

于是，慧可便成为禅宗的二祖。这一幕传法的故事，可说是替老子的“知者不言，言者不知”做了一个动人的注脚。

现在，我们已无法确知达摩的这些传说，究竟有多少是中国人编造的，有多少是来自印度的，不过可以断言的是，两者兼而有之。不容否认，后代禅师是受到达摩精神的鼓舞，同样的，达摩在中国期间，也受到中国思想的影响。譬如前面那段他对学生修道进度的品评，令人想起了《孟子》中的一段话：

“昔者窃闻之：子夏、子游、子张皆有圣人之一体，冉牛、闵子、颜渊则具体而微。”

在慧可得到衣钵后，某次，有位年过四十的居士来对他说：

“弟子患了很重的风湿病，请师父替我忏罪。”

慧可回答：

“你把罪拿来，我替你忏。”

那位居士想了一会儿说：

“我找了半天，却找不到罪。”

于是慧可便说：

“好，我已替你忏完了罪。”

这位居士听了后，大悟，便出家做和尚，改名为僧璨，就是禅宗的三祖。

僧璨有一篇非常著名的散文叫作《信心铭》，是用道家的智慧来解释佛理，其中最精彩的几段是：

“至道无难，唯嫌拣择。但莫憎爱，洞然明白。

“莫逐有缘，勿住空忍。一种平怀，泯然自尽。

“止动归止，止更弥动。惟滞两边，宁知一种。

“境由能境，能由境能。欲知两段，元是一空。”

不过僧璨的教人方法仍然未脱前人的窠臼。有一天，一位年轻和尚向他礼拜说：

“请师父慈悲，教我解脱法门。”

僧璨反问：

“是谁缚了你？”

那位和尚回答：

“没有人缚了我。”

僧璨便说：

“那么，你为什么还要求解脱法门呢？”

这位和尚言下大悟，他就是禅宗的四祖道信。

由道信，传五祖弘忍，再传六祖慧能，便展开了生机蓬勃的中国禅宗。

第三章

中国禅的祖师——慧能

天才是不世出的，慧能便是这样一位天才。

他和老子、孔子、孟子、庄子都是同一流的伟人。

他的思想言行被学生们编成了《坛经》一书。

这是中国和尚所写的最伟大的佛学著作。

在整部大藏经里，中国的作品被尊奉为“经”的，也只有这本《坛经》了。

不仅如此，它在诸经中的地位，

是可以和《金刚经》《法华经》《维摩诘经》并驾齐驱的。

天才是不世出的，慧能便是这样一位天才。他和老子、孔子、孟子、庄子都是同一流的伟人。他的思想言行被学生们编成了《坛经》一书。这是中国和尚所写的最伟大的佛学著作。在整部大藏经里，中国的作品被尊奉为“经”的，也只有这本《坛经》了。不仅如此，它在诸经中的地位，是可以和《金刚经》《法华经》《维摩诘经》并驾齐驱的。

《坛经》并不是一本绞尽脑汁的学究之作，而是出自一位真人的肺腑之言。其中的一字一句，都像活泉中所喷出的泉水一样，凡是尝过的人，都会立刻感觉到它的清新入骨，都会衷心地体验到它是从佛性中流出的。只有佛才能认识佛，也只有佛才能知道自己心中有佛性，知道一切众生心中都有佛性。

慧能俗姓卢，生于公元 638 年，是广东岭南人。他的身世，正像孔孟两位夫子一样，从小便失去了父亲，由母亲把他一手带大。后来因为家境清苦，他们便迁居南海县，卖柴为生，所以他在幼年时，根本没有机会读书写字。

某次，有位顾客向他买柴。当他卖完柴，走出店门时，突然听到门外有人念经，那经句深深地打动了他的心。于是他便问那人念的是什么经，是从哪里得到的。那人告诉他念的是《金刚经》，是从湖北黄梅山的五祖弘忍那里学到的。这时正好有位陌生人，送给他十两银子作为他母亲的生活费用，并劝他专心地去黄梅，参拜五祖。

慧能辞别了母亲，走了三十多天，才到了黄梅，便立刻去参见弘忍，弘忍问他：

“你是哪里人，到这里来做什么？”

他回答：

“弟子是岭南新州人，此来拜你为师，是为了要成佛，别无其他目的。”

弘忍为他的质朴无邪所感动，但他毕竟是位非常机警的老师，故意用讽刺的话考验慧能：

“你从新州来，是南蛮之人，如何能成佛？”

这话引起了慧能尖锐的反击：

“人虽有南北之分，而佛性岂有南北之别，我的形体虽与你不同，但我们的佛性又有什么差别呢？”

弘忍已发现慧能是可造之才，本想和他多谈一会儿，可是看到许多徒弟围在慧能旁边，脸露不屑之色，因此便不多说，只吩咐慧能去做粗工。但慧能却没有感觉到弘忍的别有用心，又问：

“报告师父，弟子自心常生智慧，不要离开自心，便是福田，请问你要我做什么呢？”

弘忍只得打断他的话说：

“这个南蛮，根性倒也敏利，不必说了。”接着便派他到后院去做碓米的工作。

慧能在黄梅一晃就过了八个月。有一天，弘忍去看慧能便问他：

“我知道你颇有见地，但生怕别人妒忌，加害于你，所以没有明言，你知道吗？”

慧能回答：

“弟子知道师父的意思，因此始终不敢到堂前参见吾师，生怕别人怀疑。”

后来又有一次，弘忍觉得传法的时机已到，便召集学生们训话：

“我要告诉你们，生死是件大事，你们整天只求幸福，而不去想想如何脱离生死的苦海。这样你们的自性早已迷失，即使得到幸福，又有何用？你们应从自己的心中去发智慧，再把所证悟的写成偈子，给我看看。如果谁真的已经悟道，我便把衣钵传给他，做禅宗的六祖。你们快去写偈子，不要拖延。犹疑和思考便是心无所悟，如果是真能见性的人，当下便能见性，即使置身车轮刀斧之下，也能见性。”

大家听了弘忍的吩咐，回去后，便互相讨论：

“我们无须绞尽脑汁去作偈，神秀上座现在已是我们的讲师，一定是他得到衣钵。我们即使作了偈子，也只是浪费心血而已。”

于是大家便不作偈，只是准备以后跟随神秀。

至于神秀呢，他毕竟是一位深思的，而且非常虔诚和谦虚的人。他心里想：“学生们都不会作偈，因此我必须作偈，否则师父便不知我的见解如何。但我作偈的话，如果为了求法，当然用意很好，如果是为了想做祖师，那便与俗人争夺虚名没有什么差别，唉！真是为难极了。”

这番话的确说得合情合理。当我们想到这是在《坛经》中由慧能转述时，便会确信日后禅宗有南北之间的冲突，绝不是慧能和神秀两人的责任。

现在我们看看神秀写在墙上的那首偈子：

> “身是菩提树，心如明镜台。
> 时时勤拂拭，莫使惹尘埃。”

当弘忍看到了这首偈子，知道是神秀写的，不禁大为失望。但在神秀学生的面前，为了顾全神秀的尊严，便说这首偈子值得大家诵持，如能照着修行，便不至于堕入邪道。当天晚上三更时分，弘

忍便单独把神秀叫进房说：

“你那首偈子并没有见性，还只是到了门槛，未能登堂入室。一般人依照这首偈子去修行，虽不至于坠入邪道，但绝不能得到最高的智慧。要想得到最高的智慧，必须当下认清自己的本心，看清自己的本性，知道它是不生不死的。如果你的每个念头都能明心见性，那么世界上便没有任何东西会阻碍你。你的存在是真实的，万物的存在也是真实的。你将会发现万象的变幻无常，都是法尔如是，都是真性实相。能够有这种见地，就是最高的菩提自性了。”

于是弘忍便叫神秀再写一首，可是神秀的心绪一直不宁，想了好几天，总是写不出。

正在神秀苦思不出时，有一个小和尚口中念着神秀的偈子，经过慧能碓米的地方，慧能一听到这首偈子，知道作者尚未悟道，便问那个小和尚是谁写的，小和尚大叫道：

“你真是个南蛮，连这个都不知道！”

然后便把经过一五一十地告诉了慧能。慧能要求道：

“老兄，我在这里碓米已有八个月，未曾到过堂前，请你带我去看看那首偈子好吗？”

于是他们便到了写偈的地方，慧能又请求道：

“我这个粗人不识字，请你念给我听听。”

这时正好江州的一位通判官，名叫张日用的，也在场，他便高声念给慧能听，慧能听了就对张日用说：

“我也有一首偈子，请你替我写在墙上，好吗？”

张日用奇怪地说：

“什么，你也会作偈子，真是怪事！”

慧能便正色地说：

“要学最高的菩提之道，可别轻视那些初学的人，有时，极下等的人，有最高的智慧，而极上等的人，却毫无见识可言。”

这几句话把张日用说得服服帖帖，便替慧能在墙上写出了那首偈子：

“菩提本无树，
明镜亦非台。
本来无一物，
何处惹尘埃。”

围观的和尚们看到了这首偈子，都大为惊讶，交头接耳地说：“不能以貌取人啊，这样一个活菩萨，我们居然要他做粗工呢！”弘忍看到大家的惊异之色，生怕有人妒害慧能，便用鞋把偈子擦掉说：

“这首偈子也没有悟道。”

于是围观的和尚们便一哄而散。

第二天，弘忍悄悄地溜到碓米的地方，看到慧能腰上缚了一块大石头，正在碓米，便自言自语地说：“求道的人，该这样忘形地工作吧！”接着便问慧能：

“米熟了吗？”

慧能回答：

“早已熟了，只是等着人来筛呢！”

弘忍不说话，用杖敲碓三下便走。这是暗示慧能于当晚三更去见他。慧能果然应约。于是师徒两人对面而坐，弘忍便为他讲解《金刚经》，当他讲到“应无所住而生其心”时，慧能突然大悟，才了解宇宙万物都不离自性，便对弘忍说：

“我何必去思考，自性本来是清净的。我何必去攀缘，自性本来是没有生灭的。我何必去追求，自性本来是一切具足的。我何必去犹疑，自性本来是没有动摇的。我何必去贪恋，自性本来就能产生万法。”

弘忍听了这话，知道慧能真已悟道，便说：

“如果不能认清自心，向外求法是毫无益处的。相反地，如果能明自心，见自性，那便是大丈夫，便可为天人之师，也就是一个真正的佛。”

也就在这个深夜，弘忍把衣钵及顿教的法门传给了慧能，并叮嘱他说：

“现在你已是禅宗的六祖了，希望你好自为之，要承先启后，传法救人。请听我的偈子：

有情来下种，

因地果还生。

无情亦无种，

无性亦无生。”

这次传法是在公元661年，当时慧能只有23岁，还是个俗人。弘忍居然能把大法传给这样一位未曾受过禅学，甚至也未接受过最基本佛理训练的南蛮，的确是具有超人的勇气。事实上，他不仅具有超人的勇气，而且具有超人的机警。他深知慧能已经彻底悟道，不是其他的弟子所能企及的。因此他极为秘密地送慧能南行，并嘱慧能暂时隐蔽起来，不要急于公开说法。同时他又鉴于衣钵传法常起争执，所以告诉慧能禅宗应以心传心，衣钵只是信物，为了避免争端，以后不要再传衣钵。

接着他们便渡过长江。在渡河的时候，弘忍和慧能争着操桨，弘忍说：

“应该是我来渡你过河！”

慧能却回答：

“迷的时候，是师父渡我；悟了以后，是我渡自己。”

弘忍听了，大为赞赏，便说：

“今后的佛法，将因你而大盛了。”

渡过了江，他们挥手告别，此后不再见面。三年后，弘忍便离开了人世，至于新的祖师，则正埋名隐姓地潜居在风景如画的长江以南。

慧能在长江以南一隐居就隐了十五年，在这十五年中，他究竟做了些什么，我们无法确知。但可以想象在这期间，他更加深了悟力，同时为了增进对经典的了解以作将来传道之用，也很可能读了不少经书。据他自己说某一个时期曾混在四会地方的猎人队里，他常在无形中用佛理去点化猎人。当他被派去守网，总在乘人不注意的时候，把网打开放走野兽；每次吃饭时，他总是把菜放在肉边煮，故意说他喜欢吃肉边的菜。

这样埋名隐姓地直到公元676年，那时他已是四十不惑之年了。某天，他深感时机已经成熟，应该出来弘法。于是便走到广州法性寺，那时印宗法师正在该寺讲解《涅槃经》。听众里，有两个和尚看到旗子在风中飘扬，便展开了一场激烈的辩论。一个说是风在动，另一个说是旗在动，慧能忍不住插嘴说：

“不是风动，也不是旗动，而是你们的心动。”

在场的人听了都大为吃惊。这也引起了印宗法师的注意，便与慧能讨论经中的一些奥义。发现慧能的解释极有见地，毫不咬文嚼字，便说：

“你这位居士，非常了不起。我听说弘忍的衣钵已经南传，莫非你就是他的传人吧！”

慧能只好点头认是。

于是印宗法师便请他把衣钵拿出来让大家礼拜，并问他：

“五祖究竟传给你一些什么秘密法门？”

他问答：

“没有什么秘密法门，只是向我强调见性的工夫，并没有谈到任何禅定和解脱法门。”

接着又解释从禅定而得解脱，这是二分法，不是真的佛法。因为佛法是不二之法。他指出《涅槃经》中所谓的见性就是不二之法，并引证该经中释迦牟尼答复高贵德王菩萨的话说：

“善根有两种，一种是变的，一种是不变的，但佛性却是超乎变和不变的。”

依据慧能的看法，佛性是超乎变和不变、善和不善、内容和形式的，所以是不二的法门。

印宗听了慧能的解释后，非常佩服，便向慧能行礼：

“我的讲经，肤浅得有如瓦砾，而你的解释真是宝贵得有如纯金。”

接着便替慧能落发受戒，自己反而拜慧能为师。

在受戒后的第二年，慧能到了曹溪，由许多信众支持，建立了宝林寺。就在这寺中，他住了三十六年，直到公元 713 年逝世。当地的韶州刺史韦璩也成为他的信徒，而且《坛经》的主要部分便是因韦璩的请求而说法的，至于其他部分，则包括了许多到宝林寺来问道的信徒的对话。

公元 705 年，武则天和中宗曾派内使带着诏书去请慧能到京城说法，但慧能却以老病婉辞了。最有趣的是在这封诏书中写明慧安和神秀两位大禅师都一致推举慧能是弘忍的衣钵传人。这说明了慧能在神秀心目中的地位，同时也表现出神秀心胸的开阔。其实慧能对神秀思想的批评也是很谦和的，他们之间唯一的不同是神秀倡渐悟，慧能重顿悟。神秀所强调的戒、定、慧本之于《法句经》中的“诸恶莫作，众善奉行，自净其意，是诸佛教”。对于神秀来说，这几句话可以包括佛学的整个精神。所谓“戒”不正是要诸恶莫作吗？“慧”不正是要众善奉行吗？“定”不正是要自净其意吗？这也正是神秀渐悟的三个阶段。其实慧能并不否定神秀这些理论的价值，他曾对神秀的一位学生志诚说：

“你老师所说的戒、定、慧是非常深刻的，只是和我所说的有一点差别……他的戒、定、慧接引大乘人，而我的戒、定、慧是接引最上乘人。”

对慧能来说，佛法最重要的就是见性，所谓戒、定、慧只是见性的一种手段而已。以他的看法，我们的精神生命是从自性智慧中泉涌而出的，并没有阶段可分。一切都在于“觉”。自觉之后，自然便会“诸恶莫作，众善奉行”，唯有这样，才能享受到不可思议的自由和平静，才能在自己的心中开发出智慧的活泉。

慧能自认他的法门是为最有智慧的人所开的。我们做人，只求做到救世的“大乘人”，而不再进一步，达到最高智慧的“上乘人”，仍然是有所不足。不过令人奇怪的是在慧能门下，究竟有多少学生是真正所谓的最上乘人呢？

即使在慧能最亲近的弟子中，也只有五个学生是最为独出的，现在我们简单地一一介绍如下。

1. **南岳怀让（公元677—744年）**

他是陕西金州人，俗姓杜。15岁出家时先学律宗，曾潜心于律藏，后来不满所学，要再求深造，便到嵩山去拜慧安为师。慧安告诉他许多基本的佛理，并介绍他去见慧能。当他到了曹溪，慧能便问：

“你是从哪里来的？”

他回答：“从嵩山来。”

慧能又问：“来的是什么东西？是怎么来的？”

他回答：“说我是东西，就不对了。”

慧能再问：“是否还需加以修证呢？”

他回答：“我不敢说不可以修证，但可以说决不会污染。”

于是慧能便赞美说：

“就是这个不会污染的，乃是佛菩萨要我们留心维护的。你的看法正好和我的相同。”

怀让便在慧能门下，跟随问学了十五年。在这段时期，他探微寻幽，极有心得。后来便到了南岳，大大地弘扬了禅学。他的弟子中最有名的就是马祖道一，后面我们将会详细介绍。

2. 青原行思（死于741年）

他是江西吉州人，俗姓刘。身世不明，只知道他从小出家，赋性沉默。他在第一次见慧能时便问：

“我们要怎样才不至于落入相对的层次中？”

慧能反问说：“你最近做了些什么工夫？”

他回答：“我连圣谛也没有修过。”

慧能又问：“那么你的工夫究竟达到哪一个层次呢？”

他回答：“我连圣谛也不修，还有什么层次可言。”

慧能被他的见地深深打动，认为他是学生中最有成就的一个。后来他被派到吉州青原山去大弘禅法，发扬了慧能的道统。据记载，他只有一位杰出的弟子，就是石头希迁。虽然只有这么一位，但已经足够了，正如他自己说：

“众角虽多，一麟足矣。”

3. 永嘉玄觉（公元665—713年）

他以证道歌闻名。他是浙江永嘉人，俗姓戴，初学天台宗，曾潜心于禅观，在这方面已有特殊的成就。后来由于几位朋友的激励，便到慧能处印证所学。初见慧能时，他绕着慧能走了三圈，举着手中的锡杖，直立在那儿一动也不动。慧能考问他：

“一个和尚要具有小乘的三千种威仪和大乘的八万种戒行，请问你是从哪儿来的，居然如此傲慢无礼。”

他不理慧能的问话；却说：

“人的生死只在呼吸之间，万物的变化是很迅速的，我顾不了这么多。”

慧能又说：

“既然你担心生死无常，那么你为什么不证取不生不灭的大道，去断除无常迅速的烦恼呢？”

他回答：

“真正能体认，大道本是无生无灭的；真正能了断，万物也本是无迟速可言的。”

他这种把体和用合成一片的见解赢得慧能的连声赞叹。于是他便按照礼节向慧能行礼，然后就要告辞离去，慧能便说：

“为什么这样匆忙地又要回去呢？”

他回答：“我根本就未曾动过，哪里谈得上匆忙！”

慧能又问：“谁知道你未曾动过？”

他回答：“这是你自己产生的分别观念啊！”

慧能便说：“你已完全懂得无生的意思了。”

他又反驳说：“既然是无生，哪里还有意思可言呢？”

慧能回答：“如果无生没有意思，叫人如何能分别它呢？”

他又说：“分别观念本身是没有意思的。”

慧能不禁连声赞叹，并劝玄觉留宿一夜，当时的人便称他为“一宿觉”。

4. 南阳慧忠（公元 677—775 年）

虽然我们找不到慧忠何时在慧能门下求道及闻悟的记载，但大家都公认他是慧能的五大弟子之一。据我们所知，他在慧能处印证了之后，便到南阳的白崖山上度过了四十余年，从未离山一步。直到公元 761 年，他才被肃宗邀到京城，尊为国师。在某次法会上，肃宗问了很多问题而他却不看肃宗一眼，肃宗生气地说：

“我是大唐的天子，你居然不看我一眼？”

他便问：“君王可曾看到虚空？”

肃宗回答：“看到。”

于是他便说：“那么请问虚空可曾对你眨过眼。”

这一问，问得肃宗无话可说。

慧忠是一位非常严厉的老师，这可以从他对付门人耽源的故事中看出。有一天，慧忠的一位年轻朋友，名叫丹霞的，来找他。这时正好慧忠在小睡，丹霞便问耽源：

“国师是否在家？”

耽源只是刚学了一点禅理，便卖弄地说：

“在是在的，只是不会客。”

丹霞便说：“啊！你答得太深奥了。”

耽源更故意说：“即使你有佛眼，也看不到他。”

丹霞不禁叹道：

“真是龙生龙，凤生凤。”

后来慧忠醒了，耽源便把丹霞来访的经过告诉他。哪料慧忠听后，便打了耽源二十棒，并把他逐出庙门。当丹霞听到慧忠的做法后，深为佩服地说：

“真不愧为南阳国师啊！”

这一则公案对我们学禅来说是非常重要的，因为一个初学禅的人，正像3岁小孩玩刀片一样，想用刀片割所有东西，但结果却割破了自己的手。自从有了这个痛苦的经验，耽源变得更为聪明，后来便成为慧忠的继承者。

5. 荷泽神会（公元670—758年）

虽然神会在禅宗的思想传统上并不重要，但在维护慧能的法统，以及使禅宗通俗化这点上，却是后无来者。由于他充沛的活力和艰苦的奋斗，才使得提倡顿悟的南禅，压倒了渐修的北禅。我们在这里介绍有关他和慧能的一些有趣故事。

神会是湖北襄阳人，俗姓高。他在13岁那年便去参拜慧能。慧能问：

“你千里跋涉而来，是否带着你最根本的东西，如果带来了，那么你应该知道它的主体是什么。你说说看。”

神会回答：

“这个最根本的东西就是无住，它的主体离不了开眼即看。”

慧能不禁赞叹：

“你这小和尚，词锋倒也敏利。”

接着神会又反问：

“师父坐禅时，是见或是不见。”

慧能便拿棒子敲了神会三下说：

“我打你，是痛或是不痛。”

神会回答说：

“我感觉又痛，又不痛。”

慧能便说：

“我是见，也是不见。”

神会又反问：

“怎么是又见又不见呢？”

慧能便说：

“我见，是因为常见自己的过错。我不见，是因为我不见他人的是非善恶。所以是见，又是不见。至于你说是痛，又是不痛，如果是不痛的话，那么你便像木石一样没有知觉，如果是痛的话，那么你便像俗人一样会有怨愤之心。我要告诉你，见和不见都是两边的执着，痛和不痛都是生灭的现象，你连自性都摸不清楚，居然敢作弄人！”

神会听了之后，大为惭愧，立刻向慧能行礼，悔谢，以后便成了慧能最虔诚的信徒。

有一天，在一个颇为正式的法会上，慧能向大家说：

“我这里有一个东西，无头无尾，无名无字，无背无面，你们是否认识呢？”

神会站出来说：

“它是诸佛的本源，是神会的佛性。”

慧能批评说：

“我已很清楚地告诉你它是无名无字的，你偏要叫它作本源和佛性。将来你即使有点成就，也只是咬文嚼字的知解徒罢了。”

这话果然说对了，神会后来正是如此。

在公元 713 年，慧能宣布自己将不久于人世时，当时在场的，除了法海等人外，在五大弟子中，只有神会一人。他们听到慧能将要逝世，都放声大哭，只有神会默然不语，也不哭泣。慧能便说：

“只有神会一人超越了善恶的观念，达到了毁誉不动，哀乐不生的境界。你们这些人在山上数年，究竟求的是什么道？你们今天哭泣究竟是为了谁？我很清楚自己究竟要到哪里去。如果我对自己的死一无所知，我又如何能预先告诉你们？你们之所以哭泣，是因为不知我死后往哪里去，如果知道了，便不会哭泣。你们要知道，法性是不会生灭去来的。”

第四章

慧能的伟大贡献——顿悟法门

“教外别传，不立文字，

直指人心，见性成佛。”

在慧能生前，并没有这四句偈的流传。

至于这四句偈对慧能来说，也不能过分执着字义，

因为慧能重视心的直证，

他的见解和悟力正像奔泉一样，是不受这四条原则所限制的。

我们之所以用这四条原则来看慧能的思想，

乃是以此为权宜，去了解他的真精神。

达摩所传的道曾被后代的禅师归纳为四句偈，就是：

“教外别传，不立文字，
直指人心，见性成佛。”

不过值得注意的是，在慧能生前，并没有这四句偈的流传。无论如何，用这四句偈去写达摩的思想，远不如去写慧能的思想来得正确。因为达摩以《楞伽经》教人，是属于楞伽宗。至于这四句偈对慧能来说，也不能过分执着字义，因为慧能重视心的直证，他的见解和悟力正像奔泉一样，是不受这四条原则所限制的。

我们之所以用这四条原则来看慧能的思想，乃是以此为权宜，去了解他的真精神。不过就这四条原则来说，都是相融相摄，相互为用的，因此在叙述上稍有重复之处，也是无法避免的。

1. 教外别传

这句话的意思是说，菩提之道是以心传心的。经书只是唤起我们自悟的一种方便而已。在读经之外，还有其他的法门可以使我们开悟。这种开悟完全是一种“如人饮水，冷暖自知”的个人经验。所有外在的东西都只是自我的一种反应，所有外在的教理都只是自性的一种回响。不要执着于这种反应和回响，唯有能见到自性，才知道什么是真我。

无论如何高明的禅师，也无法把他自己的悟力塞入对方的心中。他最多只能像接生婆一样在适当的时机，帮助产妇生孩子。最好的例子就是慧能在得到衣钵后，第一次接引学生的一段故事。

当慧能逃出了黄梅，被一位叫陈惠明的和尚赶上的时候，陈惠明说他自己此来不是为了衣钵，而是为了求法，因此恳请慧能接引，于是慧能便说：

“既然你是为了求法而来，那么希望你先抛弃一切外缘，断绝一切思念，我便为你说法。”

过了一会儿，慧能接着说：

“你不要想到善，也不要想到恶，就在这个时候，请问什么是你的本来面目？”

听了这话，惠明立刻大悟。接着又要求慧能再告诉他一些秘密的意思，慧能便说：

“我能告诉你的，就不是秘密的意思了。如果你能反照自己，秘密的意思就在你的心中。”

惠明听了，非常感激地说：

“我在弘忍门下很久，都不知道自己的本来面目，现在，谢谢你的指点，使我感觉得‘如人饮水，冷暖自知’，一切都明白了。”

精神方面的智慧，不像一般的知识可以由智力去传授，它必须用你整个的身心去经验，去实践。

慧能的态度并不是叫人不读经，事实上他最初的悟道是由于听别人念《金刚经》而引起的。虽然他本不识字，但他对于经文有很丰富的知识，他说法时，除了引述《金刚经》及《法华经》外，还可以随心所欲地旁征《涅槃经》、《维摩诘经》、《楞伽经》、《阿弥陀经》及《菩萨戒经》等中的文字。显然，他对于经书的态度，不像注疏家一样咬文嚼字，而是以圣人的心去识其大体。在他的手中，经书变成了促使心灵解脱的活工具，正是他所谓的：

"心迷法华转，心悟转法华。"

在慧能眼中，所有的书都是从自心的活泉中流出的溪水。

宋代的理学家陆象山曾说：

"学苟知本，六经皆我注脚。"

显然他是受到了禅宗的影响。

2. **不立文字**

这句话里的"立"字是指建立起一种法式。整句的意思是说我们不应执着于经中的文字，也不应认为别人依照我们的话便可得到解脱，譬如当慧能谈到"自性真空"时，生怕别人执着空，便赶紧说：

"各位听我说到这个空字可别执着于空，最重要的就是不要执着于空。如果静坐时使自己的心完全空掉了，那便是一种槁木死灰的顽空。"

事实上，真空就是无限的真实，万法都在人的心中。

接着他说：

"执着于空的人，常常诽谤经书，主张抛弃一切文字，如果真的抛弃文字，那么他连说'不立文字'的话也应该抛弃，因为这句话也着了文字之相。"

慧能反对过分执着于"不立文字"，他又说：

"这个'不立'两字，也是一种文字，如果看到别人运用文字，便贸然地加以批评，这种人不仅是自己迷惑了，而且还犯了恶意诽谤经书之罪。"

可见"不立文字"的真正用意是不执着于文字，并不是完全否认文字在求道上的方便功用，当然最重要的还是见性，正是所谓：

"能够见性的人，不论立文字也好，不立文字也好，他本身永远是来去自由、无滞无碍的。应用的时候，立刻可以运用，对答的时候，立刻可以回答。尽管他与物周旋，但却不离自性。达到了逍遥自由的定境，这就是所谓的见性。”

3. 直指人心

“心”是一个不易把握的字，当我们谈到心时，便会感觉很混淆，但这个心却是禅的关键。不了解禅宗所谓的心，就不会了解什么是禅。因为虽然禅的最高目标是见性成佛，但必须由这个心去见性，所以我们必须先来看看这个心。

在《坛经》的开宗明义第一章中，叙述慧能在大梵寺讲法，一开头便说：

“菩提就是自性，这个自性本来清净，我们只要把握这个心，便可立刻成佛。”

慧能以为自性像王国，这个心像国王和臣子，也就是说自性是心的本体，心是自性的作用。在我这个内在的王国里面，国王是绝对的至善，只可惜臣子有时未必忠实。如果臣子能依照本分去做，那么整个王国便会享受到和平之乐。相反地，臣子如果叛逆，那么整个王国便将破裂。心的力量是非常大的。由于心，我们才能实现自我，也由于心，我们也许会步入了地狱。没有心的话，便没有善和恶、舍和执、迷和悟、菩提和烦恼。慧能不仅谈到净心、善心、平心、直心、道心或菩提心，而且也谈到不净心、不善心、邪见心、烦恼心或诳妄心。这并不是说心有多种。其实心只有一个，只是因为它不是静的整体，而是动的历程，像水一样，有时纯净，有时混浊，有时平稳，有时急湍。心的悟力是常流的，而不停于一处，这就是慧能哲学的关键。我们都知道他初听到《金刚经》中“应无所住而生其心”便悟道，他的整个“心学”，便是从这一悟中开展出来的。

在这里必须强调的是：我们所想的心，并不是真心，理由很简单，真心是去想的，而不是被想的，因为心是主体，而不是客体。

当我们把它当作研究的对象时，它便变成一种概念，或抽象的观念。因此当我们谈到心时，并不是直指人心，而是指那个去指心的概念。只要我们明了到这一层，便不会把静的、概念的现象当作真实。假如我们把心的概念当作真实，便是执着于文字，而被自己的思想束缚。这也就是为什么慧能和他的门人要不厌其烦地强调无念和无心的重要了。

慧能所谓无念，是指我们的心不染着于物，但这并不是要我们断绝一切思想，因为那样又会落入“无”的窠臼。道是使我们能逍遥自在的，可是偏执的心，却使外界的一切变成了我们的桎梏。

在慧能当时，这种见解是非常新颖的，我们可以从他和卧轮禅师的偈子中看出。卧轮有一首偈子是：

“卧轮有伎俩，能断百思想。
对境心不起，菩提日日长。”

某天，有位和尚向慧能提起这首偈子，认为写得非常好，但慧能却认为作者没有悟道，无端地给自己平添了许多桎梏，因此他也和了一首：

“慧能没伎俩，不断百思想。
对境心数起，菩提作么长。”

慧能的无念和老子的无为相似，老子说“无为而无不为”，同样，慧能也强调无念而无不念。这颗纯净不染的心，是来去自由、毫无障碍的。

在慧能的眼中，坐禅的目的也是为了求心的自由。当他听到神秀教学生要“住心观静，长坐不卧”时，便认为“住心观静”是一种病态，而不是禅道。“长坐不卧”是一种压制肉体的苦修，对于精神并无益处，因此他作了一首偈子说：

“生来坐不卧，死去卧不坐。

元是臭骨头，何为立功过？”

他对坐禅的态度，正像对文字的态度一样，只是反对其被误执而已。他一再地提醒学生要明心见性，直了成佛。其他一切都是导致开悟的一种方便。人生的最大悲剧是只执着于方法，而忘了目的。

慧能是宣扬“无住”的大师，对他来说，出家在家都没有什么分别，只看你是否执着外在的一切。他说：

“执着外在的一切，便像水的波浪一样，有生灭的现象，这就是痛苦的此岸。相反地，不执着于外在的一切，就像水的平稳自由地流动一样，没有生灭的现象，这就是幸福的彼岸。”

慧能像其他佛家一样，认为我们的心不仅要舍恶，而且应离善，这种超越善恶的思想可以证之于老子的：

“上德不德，是以有德；下德不失德，是以无德。”

然而问题是当我们不执着于物，甚至连善也不执着时，是否我们真能舍执，或者是否需要连这舍执的观念也要舍弃呢？慧能对于这问题的答案，有一段极精彩的文字：

“我们的心即使不执着于善恶，但也不可沉入于空寂，应该广学多闻，才能认识自己的本心，了解佛所说的道理。我们更应与世俗和谐相处，不囿于人我的差别观念，唯有这样，才能直达菩提，真心不动。”

4. 见性成佛

在慧能的眼中，见性就是成佛。他曾说：

“本性是佛，离性无别佛。”

“自性能含万法是大，万法在诸人性中。”

“三世诸佛，十二部经，在人性中本自具有。”

在中国思想史上，慧能有关人性的见解，可以本之于孟子的“万物皆备于我矣！反身而诚，乐莫大焉”。

慧能正像孟子一样，认为我们的性和真实合一，即是他所说：

“一真一切真。”

在慧能眼中，菩提就是悟，佛就是悟者，正如他所说的：

“我心自有佛，自佛是真佛。”

传统佛学都归依佛、法、僧的三宝，但慧能却归依觉、正、净的三宝。这种解释是一个多么激烈的革命啊！他描写自性三宝的作用说：

“内调心性，外敬他人，是自归依也。”

他在这里所谓的内外，只是就自性作用的效果而言。其实自性本是绝对的，超越了时空、超越了一切言语所能表达的属性。人类的言语只是属于现象的世界，只是应用于相对的事物，而绝对是超越了这一切。当一个神秘家要表达他自己的时候，他所用的言语就像荒漠上很多饥渴的盲狮，到处乱跑去寻求泉水。慧能之所以认为迷和悟、烦恼和菩提之间没有差别，以及强调自性是超越了善和恶，也就是为了打破语言的分别。他回答中宗的内侍薛简所问何是大乘见解时便说：

“在一般俗人的眼光中，明和暗是两种不同的现象，可是有智慧的人却了解它们的本性是没有差别的，这个没有差别的本性就是实性。所谓实性，就是不因凡愚之人而减少，不因圣贤之人而增多，在烦恼之中而不乱，达禅定之境而不空。它不是断灭的，也不是变的，它是不来也不去的，它不在内，不在外，也不在中间，它没有生灭的现象，是本性自然如此，而没有丝毫变迁，这就叫作道。”

假如我说慧能这段话和庄子的说法相同，倒并不是因为他凑巧地提出了这个“道”字。事实上，他是熔孟子、庄子的思想于一炉。

慧能的哲学在超越方面似老庄，在重视人生方面似孔孟。他认为一切经书都为人而立，并强调自性有般若之智。他说：

“若无世人，一切万法本自不有。”

因此他以人的自性和自心来解释佛理，他有关三身的见解正和他的自性三宝一样具有革命性，他用自性来说明三身。我们的身体就是如来法身，我们的自性根本是清净的，一切法都由自性而生，这即是所谓“清净法身佛”。当我们的感情欲望被自性所生的般若之光所扫净后，我们的自性像无云的青天中所悬挂的一轮红日，光芒万丈，这即是所谓的“圆满报身佛”。至于我们信仰自心的力量胜于一切的化身佛，是因为我们了解只有自己的思想才能塑造自己。如果此心想恶的话，便入地狱，想善的话，便进天堂。有毒害之心，便变为龙蛇，有慈悲之心，便变为菩萨。因此我们如果执迷不悟，念念起恶，便永远无法得道，相反的，只要一念向善，便生智慧，这即是所谓的“自性化身佛”。

在慧能的手中，佛理变得更加深刻化和普遍化。他打破了僧和俗、圣和凡、佛家和其他各派思想之间的樊篱。譬如任何一位儒家对他下面的这首偈子，都该是毫无异议的，这首偈子是：

> “心平何劳持戒，行直何用修禅，恩则孝养父母，义则上下相怜，让则尊卑和睦，忍则众恶无喧。若能钻木取火，淤泥定生红莲，苦口的是良药，逆耳必是忠言，改过必生智慧，护短心内非贤，日用常行饶益，成道非由施钱，菩提只向心觅，何劳向外求玄，听说依此修行，天堂只在目前。”

从上面这段话中，可以看出慧能思想体系内是含有浓厚的儒家伦理的。同时，由于他的善于辩证，使我们不能否认他和老子之间有着很深厚的关系。老子在《道德经》的第二章中曾写出了道家的辩证思想，所谓：

“天下皆知美之为美，斯恶已。皆知善之为善，斯不善已。故有无相生，难易相成，长短相较，高下相倾，音声相和，前后相随。”

上面所说的观念都是相对的，老子所谓的圣人就是要超越了这些相对观念。

同样的，慧能在《坛经》最后一章中，曾嘱咐学生要以三十六对法教人，所谓三十六对，就是明与暗对，阴与阳对，有与无对，色与空对，动与静对，清与浊对，凡与圣对，僧与俗对，大与小对，长与短对，邪与正对，痴与慧对，烦恼与菩提对，慈与毒对，常与无常对，实与虚对，喜与瞋对，进与退对，生与死对，化身与报身对等，他说：

“此三十六对法，若解用即道贯一切经法，出入即离两边。自性动用，共人言语，外于相离相，内于空离空。若全着相，即长邪见。若全执空，即长无明。”

因此在运用上他说：

“问有将无对，问无将有对，问凡以圣对，问圣以凡对。二道相因，生中道义。

“设有人问，何名为暗？答云：明是因，暗是缘，明没则暗，以明显晦，来去相因，成中道义。余问悉皆如此。”

这里所谓的中道就是超越相对的意思，其实也就是自性。在慧能的思想体系里，中道是绝对的真，它一方面超越了相对，一方面又包括了相对。霍姆斯（Holmes）法官曾认为一个有深度悟力的人，是不必把两难论法当作一种逻辑的工具的，尽可以用自己的灵感去超越两边，直探本源，慧能的伟大即在于此。尤其是他巧妙地运用两难论法而一超直入，把人的精神高扬入绝对的境界。

第五章

踏破天下的神驹——马祖道一

在中国禅宗史上，自慧能以后，

最重要的人物就是马祖道一了。

道一在死后被称为马祖，这是学生们对他的尊奉。

大家都知道衣钵到了慧能手中便不再传下去，

这意味着此后不再有祖师了，

因此马祖这一称呼便应乎普遍的需要而产生。

尤其马祖的“马”一字是道一的俗姓，

在佛家的僧侣中以俗姓为称呼的，可能只有马祖一人了。

在中国禅宗史上，自慧能以后，最重要的人物就是马祖道一了。道一在死后被称为马祖，这是学生们对他的尊奉。大家都知道衣钵到了慧能手中便不再传下去，这意味着此后不再有祖师了，因此马祖这一称呼便应乎普遍的需要而产生。尤其马祖的“马”一字是道一的俗姓，在佛家的僧侣中以俗姓为称呼的，可能只有马祖一人了。

马祖之所以仍然冠以俗姓，是有一段传奇的，据说在怀让悟道后，慧能曾告诉他一个秘密：

“印度第二十七祖般若多罗曾预言在你的足下将产生一头年轻力壮的马，它将会踏破这个世界。”

马正好是马祖的俗姓，而马祖又是怀让最独出的学生，因此后来的作者都很自然地把这个预言和马祖拉上了关系。假如我们以其影响来论人的话，那么无可否认的，马祖的产生真可说是出于天数了。

马祖是四川人，幼时常到庙中玩，12 岁那年便做了和尚。接着到南岳去学坐禅。这时怀让正是南岳般若寺的住持，看出马祖是可造的法器，便去问马祖：

“请问你学坐禅，是为了什么？”

马祖回答：

“要成佛。”

于是怀让便拿了一块砖头在马祖的庵前磨，马祖不禁好奇地问：

“请问你磨砖做什么？”

怀让回答：

“磨砖做镜子呀！”

马祖不禁诧异地说：

“磨砖怎么能做镜子呢？”

怀让反驳说：

“磨砖既然不能做镜子，那么你坐禅又岂能成佛？”

马祖便问：

“那要怎样才能成佛呢？”

怀让回答：

“这道理正像牛拉着车子，如果车子不动了，请问你是打车子呢，还是打牛？”

马祖被问得无话可对。于是怀让接着说：

“请问你是学坐禅，还是学坐佛？如果学坐禅，禅并不在于坐卧，如果学坐佛，佛并没有一定的状态。法是无住的，因此我们求法也不应有取舍的执着。你如果学坐佛，就等于扼杀了佛，你如果执着于坐相，便永远不见大道。”

马祖听了这番话后，心中好像饮了醍醐般的舒服，便向怀让礼拜，并问：

“如何用心，才能达到无相三昧的境界？”

怀让回答：

“你学心地法门，像播种子，而我讲解法要，像天降雨露，只要因缘和合，你便可以见道。”

马祖又问：

“道没有形色，怎么能见呢？”

怀让回答：

“你内在的法眼能见道，因此也能见无相三昧。”

马祖又问：

“道是否有成坏呢?”

怀让回答：

“如果以成坏聚散的现象来看道，便不是真的见道。请听我的偈子：

心地含诸种，遇泽悉皆萌。

三昧华无相，何坏复何成。”

到了这时，马祖才真正悟道，心意超然。此后便跟随怀让整整十年。在这期间，他深入玄奥。据说怀让的六位入室弟子中，唯有他得到了心传。

马祖离别了怀让后，便到江西去做方丈。他所说的法都是根据六祖的思想，主张心外无佛。他说：

“知色空故，生即不生。若了此意，乃可随时。着衣吃饭，长养圣胎。任运过时，更有何事?”

这段话中有几个重点：

首先，所谓“圣胎”两字，本是从流行的道家学术中借来的，只是马祖加上了新的内容而已。在道术中，圣胎是指长生不死者的胚胎，但在马祖手中，却变成永恒生命的种子，也即是临济的无位真人的典型。

其次，这里强调的日常生活，正和老庄的思想一致，也形成了以后禅师们的一个极为重要而普遍的原则，马祖和他最亲近的学生南泉普愿都以“平常心是道”为教义。尤其马祖的一位学生庞蕴居士说得好：

“日用事无别，惟吾自偶偕。头头非取舍，处处勿张乖。朱紫谁为号，青山绝点埃。神通并妙用，运水及搬柴。”

马祖的最伟大处，是在于他接引人的手法和机智，有一次，学生问他说：

“老师为什么说‘即心即佛’?”

马祖回答:

“这只是为了劝小孩子不要哭罢了。”

学生又问:

“小孩不哭了时，怎么办?”

马祖回答:

“这时我将告诉他‘非心非佛’。”

学生再问:

“除了这两种人外，你又如何接引?”

马祖回答:

“我将告诉他‘不是物’。”

学生最后问:

“假如你突然碰到已经开悟的人来，怎么办?”

马祖回答:

“那很简单，我只教他从自心中去‘体会大道’。”

这段话说出了马祖教法的一个很重要的秘诀。他有时用肯定法，有时用否定法。在表面上，这两种方法好像是矛盾的，但当我们了解他是对学识和智慧不同的人说法，他是为了使对方超越现况时，这种矛盾便不为矛盾了。当然这两种方法并不适用于已经开悟的人，对于这种人，马祖只是要他们继续体验现前的悟境而已。

在这里使我们想起了马祖和他的学生大梅法常的一段很有趣的故事:

大梅第一次见马祖便问:

“什么是佛?”

马祖回答:

“即心即佛。”

大梅言下便悟。后来，他住在山上，马祖派了一个和尚去考验他，这和尚问大梅说：

“你在马祖门下，学到些什么？”

大梅回答：

“马祖教我即心即佛。”

这个和尚又说：

“现在马祖已改变他的教法而说非心非佛。”

大梅便说：

“这个老和尚，作弄人家，没有了期，管他说什么非心非佛，我只管即心即佛。”

当这个和尚回去把经过情形告诉马祖后，马祖便说：

“梅子熟了！”

这里的梅子就是大梅两字的双关语。显然大梅已经开悟，而且是运用马祖的肯定法，他知道自己该做什么，也许他的学生像小儿啼一样需要哄一哄。总之，大梅所表现的特立独行的精神赢得了马祖的赞许。假如他因马祖改变了新教法而信念动摇，盲目地跟从，那么马祖将会说“梅子还未熟呢”。

马祖的教法是变化多端的，据说由他接引而开悟的学生有一百三十多位，而且都能独树一方。这些学生并不是同一个模型中造出来的，即使是悟，也有不同的程度和形式。例如马祖有三位和他最亲近的学生，即是南泉普愿、西堂智藏和百丈怀海。某天晚上，他们三人陪马祖赏月。马祖便问他们该如何度此良宵，西堂首先回答：

“正是供奉的好时机。”

接着百丈说：

“正是修持的好时机。”

至于南泉则一语不发，拂袖便去。马祖说：

“讲经要推智藏，论禅要归怀海，唯有普愿却能超然物外。”

在马祖的法统中，南泉的地位正像颜回在孔子眼中的地位一样。至于在传法上，百丈是马祖的继承者，正像孔门中的曾参一样。也许由于百丈具有强大的组织能力和管理能力，才奠定了僧团的组织基础。虽然《百丈清规》经几个世纪的逐渐修正，已失去了原有的面貌，但谁也不能否认百丈把散沙似的群众纳入了僧团组织的这种不朽贡献。

最有趣的是马祖训练百丈的一段故事：

某次，师徒两人出外散步，看到一群野鸭子飞过去，马祖问：

“那是什么？”

百丈回答：

“是野鸭子。”

马祖又问：

“飞到哪里去？”

百丈回答：

“飞过去了。”

就在这时，马祖把百丈的鼻子用力一扭，使得百丈大声叫痛，马祖便问：

“你说，难道又飞过去了吗？”

听了这话，百丈似有所悟。后来回到宿舍中，大声地哭泣，朋友便问他是否因想家或受人责骂而哭，他都加以否认。朋友一再地问他究竟为了什么。他只得说：

“因为我的鼻子被大师扭得非常痛。”

朋友们问：

“是做错了什么事情吗？”

百丈说：

“你们去问老师吧！”

当他们去问马祖时，马祖说：

“他自己知道，你们去问他吧！”

朋友们又回去问他，他却呵呵大笑，朋友们又好笑又奇怪地问：

“你以前哭，现在为什么又要笑呢？”

百丈回答：

“我就是以前哭，现在笑。”

大家都被他弄得不知所以。第二天，集会时，马祖刚上坐，百丈便卷起坐垫要走，马祖就下座回去，百丈也跟着去，马祖便问：

“刚才我正要说法，你为什么就走呢？”

百丈回答：

“因为昨天我的鼻子被你扭得痛极了。”

马祖又问：

“昨天你的心想到些什么？”

百丈回答：

“今天我的鼻子已不痛了。”

于是马祖便说：

“你已完全了解昨天之事了。”

笔者不敢说自己完全了解这段对话。百丈的回答有点近乎疯狂，可是令人惊奇的是马祖却加以赞许，也许只有疯子才能了解和欣赏疯子的行为。但事实上，这两人又都不是疯子，可见他们的做法一定有深意存在，虽然不能用逻辑的推理去了解，但却可以用直观的方法去推敲。

笔者以为这个公案的线索在于百丈对朋友们神秘地说“我就是以前哭，现在笑”。虽然感觉和行动已经改变，但本体却永远不动。马祖接引学生的方法就是要他们去发现自我。当百丈说他昨天痛，今天不痛时，马祖知道他已寻到了自我，百丈的这种回答比任何用逻辑方法来解说更为真切。

“发现自我”是马祖教人的目标，也是整个禅的主旨。这点我们可以从马祖和他的另一位高足大珠慧海的故事中看出。当大珠第一次见马祖时，马祖问他：

“你从哪里来？”

大珠回答：

“从越州大云寺来。”

马祖又问：

“来这里做什么？”

大珠回答：

“来求佛法。”

马祖便说：

“我这里一点东西都没有，还有什么佛法可求，你自己有宝藏不顾，离家乱走做什么？”

大珠便问：

“什么是我的宝藏呢？”

马祖又说：

“现在问我的，就是你自己的宝藏，这个宝藏一切具足，没有欠缺，运用起来非常自在，何必要向外追求。”

听了这话后，大珠不用思考和推理，便立刻洞见自性。

另外，汾州无业也是以同样的方法悟道的。无业本来专研律宗，深通经藏。在他第一次见马祖时，马祖看到他那伟岸的身材，响亮的音调，便说：

“外形巍巍堂堂，里面却没有佛。”

无业很恭敬地跪下来说：

“我粗研三乘之学，稍有心得，可是对于禅宗的即心是佛之说却始终不能了解。”

马祖说：

“这个不能了解的心就是佛，并没有其他的了。”

无业仍然未悟而问：

“这样说来，那什么是祖师西来所传的秘密法印呢?”

马祖又说：

“你这位大德现在正糊涂得很，且先回去，等下再来。”

无业正要离开时，马祖便在他背后喊：

“大德。”

无业转过头来，马祖便问：

“是什么?”

听了这问话，无业便立刻大悟。

有时马祖也用粗暴的方法来加速学生发现自我，有一次，水潦和尚问他说：

“如何是祖师西来意?”（在禅宗的问答里，问祖师西来意，就等于问佛法大要。）

马祖并没有回答这问题，而要水潦恭敬地礼拜，等水潦弯下身子时，马祖却把他踢倒，奇怪的是，水潦却因此而大悟，站起来后，反而拍手呵呵大笑地唱着说：

“也大奇，也大奇！百千三昧无量妙义，只向一毫头上，识得根源去。”

唱完向马祖行礼而退，后来他作了方丈，常对学生说：

“自从一吃马师蹋，直至如今笑不休。”

从书中记载，我们可以想见马祖一定是身体伟岸，精力充沛，据说他是牛步虎视，舌头长得可以舐到鼻尖。虽然书中没有说他叫起来像狮吼，但他的声音一定很大，这可以从百丈最后开悟的故事中看出。当百丈随侍马祖的时候，马祖正看着床角所挂的一个拂尘，百丈便说：

“正在用时，要离开用。”

于是便拿开拂尘，把它竖起来。马祖便说：

“正在用时，要离开用。”

于是百丈又把拂尘挂回原处。马祖便振威大喝一声，震得百丈的耳朵聋了三日，也就由这一喝，百丈完全开悟了。

我们可别误会马祖是常用嘴“喝”和脚“蹋”的。虽然禅师的教法都不能缺少那种使人震惊的元素，但他的教法多半表现得很温文，很巧妙。例如有位大官问他是否可以饮酒吃肉，他便幽默地说：

“饮酒吃肉是你的禄分，不饮酒吃肉是你的福气。”

马祖运用这种方便法门的巧妙之处，可以从他和石巩慧藏的谈话中看出。石巩本以打猎为生，最讨厌见到和尚。有一次，当他赶鹿经过马祖的庵前时，马祖迎面和他相碰，石巩问马祖是否看到有鹿跑过，马祖反问：

“你是什么人？”

石巩回答：

“打猎的人。”

马祖又问：

“你知道如何射吧？”

“当然知道。”

“你一箭能射几个？”

“我一箭能射一个。”

马祖便说：

“照这样看来，你实在不懂得射术。”

“那么你懂得射术吗？”

“我懂得。”

“你一箭能射几个？”

“我一箭能射一群。”

石巩便说：

“彼此都是生命，你又何忍射杀一群？”

马祖乃说：

“你既然知道这点，为什么不射自己呢？”

石巩回答：

“你要我自射，但总是没有下手处。”

马祖便说：

“你这人有无数劫的无明烦恼，到今天都完全断绝了。”

于是石巩便抛掉弓箭，出家拜马祖为师。

有一次，石巩在厨房里工作，马祖问他做什么，他说：

“正在牧牛。”

马祖问：

“怎样牧牛？”

石巩回答：

“当它走到草地，我立刻便把它拉了回来。”

这话赢得了马祖的赞叹：

“你是真懂牧牛之道了。”

由他们这种愉快和谐的谈话，很难想象到他们对个性的控制和训练是如何的无情和猛烈。

马祖随时都在鼓舞学生要有大无畏的精神。有一次，五台隐峰推着车子，马祖正好伸着脚坐在路中，隐峰请求马祖把脚缩回去，马祖却说：

“我只伸不缩。”

隐峰也说：

“我只进不退。”

两人相持不下，于是隐峰不顾一切，仍然推车向前，结果碾伤了马祖的脚。马祖回到法堂后，便拿着一把斧头说：

“刚才是谁碾伤了我的脚？快站出来。”

隐峰便走到马祖前面，伸出了脖子。马祖只好放下了斧头。

有时马祖喜欢故意引学生像赶野鸭子似的到处去追逐探索。某次，有一个和尚问：

“离四句，绝百非，请你直指祖师西来意。”

马祖回答：

“我今天疲倦，不能为你解说，你去问智藏吧！”

这个和尚便去问西堂智藏，西堂反问：

“你为什么不问老师呢？”

这个和尚回答：

“老师叫我来问你的。”

西堂便说：

“我今天头痛，不能为你解说。你去问怀海吧！”

这个和尚又去问百丈怀海，百丈回答：

“我到这里，也不会。”

于是这个和尚便回去向马祖报告经过，马祖便说：

“藏头白，海头黑。”

这里所谓白和黑，是指白帽和黑帽。这本是一个典故，据说有两个强盗，一个戴白帽，一个戴黑帽，戴黑帽的强盗最后用诡计又抢走了戴白帽强盗所抢来的东西。这是说戴黑帽的比戴白帽的更为无情，更为彻底。同样，百丈比西堂也更为无情，更为彻底。因为西堂只是推说头痛，好像是假如他不生病的话，可能会有确切的答案。但百丈的拒绝却是非常干脆和坦率的。依百丈的看法，这个问题是超乎肯定和否定，不是言语所能表达的，正如老子所谓的“道可道，非常道”。

我们在前面曾提到庞蕴和他的偈子，至于他悟道的故事也是非常有趣的。在他第一次去见石头希迁时，他问：

“不与万法作伴的人是谁？”

石头便用手掩住了他的口，这时他略有省悟。后来又去见马祖，提出同样的问题，马祖便说：

“等你一口吸尽了西江之水，我才告诉你。”

听了这话，他便立刻大悟。

马祖和石头，这两位大禅师都是对付同一个问题，石头用手掩住了庞蕴的口，是表示这个问题不能言谈。至于马祖也认为要说出这个超然物外的人是谁，像一口吸尽西江水一样不可能。显然他们两人都深通老庄思想，庞蕴也是如此。他虽然是属于马祖的法统，但也做过石头的学生。

虽然马祖和石头平分了禅家的天下，但他们之间并没有任何敌对的态度。而且最有趣的是他们常共同接引学生，药山惟俨便是最好的例子。药山最初学律宗，曾博通经论，持戒甚严。后来感觉这不是最后目的，大丈夫应该离法自净。于是便到石头那儿要求接引。他对石头说：

“我对三乘十二分教，已略知皮毛。但对于南方所谓‘直指人心，见性成佛’之说，却始终不了解，恳请师父大发慈悲，为我指点。”

石头回答：

“肯定不对，否定也不对，肯定和否定两者兼有都不对，这时，你怎么办?”

药山惘然不知所措。过了一会儿，石头便说：

“你的因缘不在此，还是去马大师那边吧!”

听了石头的话，他便去参拜马祖，提出同样的问题，马祖回答：

“我有时教伊扬眉瞬目，有时不教伊扬眉瞬目，有时扬眉瞬目者是伊，有时扬眉瞬目者不是伊，你究竟要怎样了解伊。”

于是药山言下契悟，便向马祖礼拜。马祖又问：

“你见到了什么而向我礼拜?”

药山回答：

“我在石头处，正像蚊子叮铁牛。”

这也就是说不得其门而入。马祖知道他已经开悟，便叫他好好地保持住这种悟力。

药山在马祖处随侍了三年，有一天马祖问他：

“近日你有什么心得?”

他回答：

“皮肤脱落尽，唯有一真实。”

马祖说：

“你的见解完全深契于心，布于四肢。因此，你可以到任何山上去住了。”

药山说：

“我是何人，岂敢住山做方丈。”

马祖便说：

“没有永远的行而不住，也没有永远的住而不行。如果要求益于无所益，为于无所为，你便应该像慈航一样，到处渡人，不要永远住在此地。”

于是药山又回到石头那里。虽然后人把药山归入石头的法统，但实际上他是马祖和石头两人之间的桥梁。

当药山成为方丈后，他有两个学生，一个是道吾，一个是云岩。有一天，当这两位学生侍立在旁边时，他指着山上的枯荣两树，问道吾说：

“这两棵树，是枯的对，还是荣的对呢?”

道吾回答：

“荣的对。”

药山便说：

“灼然一切处，光明灿烂去。”

接着他以同样问题问云岩，云岩回答：

“枯的对。”

他便说：

“灼然一切处，放教枯淡去。”

这时正好高沙弥到来，他又以同样问题问高沙弥，高沙弥回答：

“枯者从他枯，荣者从他荣。”

听了这话，药山便对道吾和云岩说：

“不是，不是。”

这不正是马祖教药山所谓的，没有永远的行而不住，也没有永远的住而不行吗？事实上，马祖、石头和药山都深契于老子所谓的：

“故物或行或随，或歔或吹，或强或羸，或挫或隳。”

马祖正像六祖一样，善用相对法使学生能摆脱现象而进入形上，挣脱相对而进入绝对，超脱有形而进入真空。不论他用肯定法还是否定法，都是依据特殊的需要而定。他的说法并不那么明显，可是无论采取什么说法，他从来不曾说破，总是带有几分暧昧，好像有点作弄人似的，即使在他临终时，也是如此。当时有人问到他的病情，他便说：

“日面佛，月面佛。”

在佛家的术语中，“日面佛”是指活得很长，“月面佛”是指只能活一天一夜。马祖的意思是，无论活得长或短，都没有关系，只要他能发现真我。庄子曾说：

“莫寿于殇子，而彭祖为夭。”

“殇子”正像“月面佛”，“彭祖”正像“日面佛”。庄子有知，看到马祖的话，势必要会心地微笑了。

最后我们还必须提到马祖的一段故事，才能结束本章。这段故事是说尽管他出家学佛，但他的心中仍含有浓厚的人性。据说当他回乡小住时，受到乡人的招待，可是隔壁的一位老太婆却说：

“我以为有什么奇特，原来就是马家的那个小子。”

这话使马祖颇为感慨，写下了一首解嘲的诗：

“劝君莫还乡，还乡道不成。

溪边老婆子，唤我旧时名。”

于是他仍然回到江西，在那里他前后一共住了五十年，直到 80 岁那年才离开了人间。

第六章

禅门的龙虎——百丈怀海和黄檗希运

对所有的禅师来说，
整个生命就是一个大公案。
在我们一开始真实生活时，
便应该参破这个公案。
只要我们真实地活着，
一切平凡的事都会变得非常奇妙。

前面我们曾提到《百丈清规》一书，虽然该书原本是百丈怀海所写的，但今天保存在《大藏经》里的，却是元朝百丈德辉的作品(成于公元1282年)。不过这本书完全采自百丈怀海的著作，由于这本清规的产生才真正奠定了禅宗的制度。该书强调道德训练，可与圣本笃（St. Benedict）的清规比美。书中，对于方丈和其手下人员的职责都有严密的划分，每天的生活都有详细的规定。最有趣的是关于受戒和田间工作的礼仪。一个人要想出家做和尚，首先要立誓做到五戒，即是：

“不杀生，不偷盗，不邪淫，不妄语，不饮酒。”

以上的五戒只是入道的初步，接着还要做到：

“不坐高广大床，不歌舞倡伎亦不往观听，不着花鬘，不香涂身，不得蓄钱金银宝物，不非时食。”

达到了这五戒后，才正式剃度，做个成色十足的和尚。

然而百丈当时最先确立的制度是从事耕种，不仅一般僧众，就是方丈也要工作。在百丈以前，和尚不从事生产，而是靠乞食为生的。在印度，和尚是禁止耕种的，因为在锄土或犁地时，不免会伤害了昆虫。这种制度也只有热带气候的印度才适合，因为他们可以吃椰子等水果以果腹。百丈的清规就是先要革除这种乞食的寄生生活。为什么一个身心健全的和尚要像寄生虫一样，吸取俗人的血汗呢？因此他要求所有的僧众必须腾出时间来开垦荒地，从事耕种，以自食其力。同时他强调生产的所得也应和俗人一样纳税。这种具有革命性的见解，反而使得他遭受那些保守和尚的攻击。但他像许多伟大的革命家一样，具有不屈不挠的勇气。在他做方丈的时候，比其他的人更卖力地工作，他那句“一日不作，一日不食”的话，已成为各宗佛家的格言了。

百丈活到94岁的高龄，在他临终时，曾有一段动人的故事。据说他的学生们因他年老，常劝他不要再工作，但他却屡劝不听，学生们只好把他的工具藏起来，他遍寻不得，便拒绝吃饭，最后还是他胜利了。

百丈这种改革的重要影响，也许不是他自己所能预见的。他死于公元814年，而在三十年后，佛家遭遇过一次大厄运，就是唐武宗的灭佛，主要的理由是经济的问题，正如武宗在一封敕令中说：

“有一人不耕，便有一人挨饿；有一女不织，便有一人受寒。可是现在庙中的和尚尼姑不知其数，都赖耕种以为食、织布以为衣。寺庙不在宫廷之列，却装饰得巍峨富丽，和宫殿争美。这也就是晋宋齐梁之所以衰了。”

这次灭佛，一共破坏了四万四千六百余所寺庙，有二十六万五百余僧尼被迫还俗，一万五千余奴仆被政府所接收。

奇怪的是在这次佛教的大劫中，各宗派里只有禅宗能够幸存，而且更蓬勃地发展开来。陈观胜博士认为其中的原因不外乎二：第一点是禅宗不需依靠宗教的附属品，如经典、佛像等，因此即使被破坏了，他们仍然能够发挥作用；第二点是他们不再寄生于社会，他们最重要的一条清规是每个和尚每天都要劳作，这个清规的建立者是百丈怀海，在他年老时还坚持要到田间去劳作。

如果只是把百丈看作一位僧院制度的改革者，仍然是肤浅的。因为他坚持劳作，对于人类的命运有着很大的意义。他承受了马祖的思想，要使此心成为超越的，同时又是内在的绝对。在他眼中，只偏于超越一面，仍然会把这个绝对的本体割分为二。他认为本体是包括了形上形下的。知道这一点，我们便会了解他帮助老狐狸求道的故事，虽然神秘，但也自有其意义。这故事是说：

每次百丈上堂讲法时，总有一个不相识的老人跟着和尚们进入法堂听讲。有一天，大家都走了后，只有这位老人逗留不去。百丈便问他是谁。他说：

“我不是人。很久以前，在迦叶尊者的时候，我本是山上的方丈。一个学生问我是否道行很高的人仍然会落入因果的法则。我回答说：‘不会落于因果的法则。’

“这话使我被罚而变为狐狸身，整整有五百世之久，现在我求你的指示，以解脱狐狸之身。”

百丈便说：

“你要问我什么？”

老人便把学生问他的话重复了一遍，百丈回答：

“你应该说不昧于因果的法则。”

老人于言下大悟，便向马祖礼拜说：

“我已解脱了野狐之身，我住在山的那头，请你按照和尚死亡的礼仪埋葬我。”

百丈便命庙中管总务的和尚向大家宣布饭后举行葬礼，大家都非常惊奇，因为庙里根本没有人死去。饭后，百丈便带他们到后山的洞穴中，找到了野狐的尸体，以礼把它火葬了。

当天晚会时，百丈把整个故事告诉和尚们，黄檗便问：

“这位方丈因答错了一句话，被罚做了五百世的野狐狸，那么答对了所有的问题，又将如何呢？”

百丈说：

“你前来，我将告诉你。”

黄檗走向前去，给了百丈一巴掌。可是百丈却拍手大笑说：

“我以为你的胡须是赤的，哪料更有一个赤须的胡人。”

这个野狐的故事不能照字面解释，它的含义很明显，一个真正得道的人，是不会抹杀由因果法则所支配的现象世界，他看到超越界的永恒，也看到现象界的变幻。而道超越这两者，也包含这两者，正如庄子所说：

“是以圣人和之以是非，而休乎天钧，是之谓两行。”

这两行之道，是超越一元和二元的唯一之道，庄子又说：

> “盖师是而无非，师治而无乱乎？是未明天地之理，万物之情者也。是犹师天而无地，师阴而无阳，其不可行明矣。然且语而不舍，非愚则诬也。”

野狐的错误是很容易看出的，但假如百丈把自己的答案看作唯一最恰当的解释，那么他的错误也犯得不轻。黄檗问“答对了所有问题，又将如何”，这句话触及了这问题的核心。百丈叫他走近来，也许要给他一掌，告诉他这个最根本的本体、最真实的自我，是超乎肯定和否定的。但没有等到百丈打他，他却先打了百丈，这表示他们所指的绝对相同，百丈本以为黄檗只囿于形而下，但却发现黄檗已进入形而上，又安能不笑呢？所谓胡须是赤的，这本是一个现象，但最重要的不是胡须，而是那个赤须胡人的真身。

某次，有个和尚问百丈：

“佛是谁？”

百丈回答：

“你是谁？”

这是说只有你自己才能使你自由无碍地出入这个世界。当你一发现真我时，你便能挣脱了小我的许多偏执，因为真我与道合一，无所不包，使你生活在这个世间上，而没有尘累，使你深入禅境，而不汲汲于寻求自我的片面幸福。

这使我们想起了黄檗的一段趣事。

黄檗是福建人，自幼便出家为僧，有一次他游天台山时，碰到一个奇怪的和尚，两人谈笑，一如故人。当他们走到一条小溪前面时，正好溪水暴涨，那个和尚叫黄檗一起渡河，黄檗便说：

“老兄，你要渡河的话，你自己渡吧！”

那个和尚便提高了裤脚过河，好像在平地上行走一样自然，他边走边回过头来说：

“来呀！来呀！”

黄檗便叫道：

“嘿，你这个自了汉，如果我早知你如此，便把你的脚跟砍断。”

那个和尚被他的骂声所感动，叹道：

“你真是位大乘的法器，我实在不如你啊。”

说着，便消失了。

在黄檗以及所有禅师眼中，“自了”并不能得到真我，一个自了汉只是追求以自我为中心的幸福，却得不到真正的幸福，因为真人本身就有幸福，而他却向外追逐幸福，像追逐其他的物质一样。事实上，他只是迷头认影而已。

黄檗把本体看作心——唯一的真心，这个心能产生有形和无形的一切，它是智慧的活泉，我们的身内都有这个活泉，但由于我们追逐外物，被小我的分别意识所束缚，使这个内在活泉不能畅流。正像黄檗所说：

> “如今学道人，不悟此心体，便于心上生心，向外求佛，着相修行，皆是恶法，非菩提道。供养十方诸佛，不如供养一个无心道人。”

这也就是说，假如我们要体认真心，便必须先要远离那个自作

聪明的辩巧之心，黄檗所谓的“一心”就是“无心”，也就是说我们要透过无心，才能归于真心。

在黄檗眼中，“真心”是无心，是没有任何形体的，因此它也超越了善和恶。他说：

“造恶造善，皆是着相。”

事实上这个“真心”，即是我们本来的佛性。它是虚空的、静默的，又是纯粹的、无所不在的，它是光辉的、微妙的，又是安静的、快乐的，只要你能深切悟入，直下便可以看到它的真面目，恰如黄檗所描写的：

“此灵觉性，无始以来，与虚空同寿，未曾生，未曾灭，未曾有，未曾无，未曾秽，未曾净，未曾喧，未曾寂，未曾少，未曾老，无方所，无内外，无数量，无形相，无色象，无音声。”

这也就是说它超越了一切相对观念。不能言传，只能意会。禅师所用的文字和动作都是在时机成熟时，唤起觉悟的一种手段而已。当你开悟时，你和禅师将会无言地默契，这就是所谓的“以心传心”。

黄檗要我们超越善恶，其用意正和庄子相同，并不是鼓励我们放任，而是认为有道之人不应把善当作一种物体来追求。他把善看作发自内心智慧的一种活泉。他只是随着外境很自然地行善，当外境一迁，他仍然保持住原有的宁静。在行善时，他没有一丝求报之心，因为他知道自性是“圆满具足，无所欠少”的。

黄檗对于一般佛家强调“六度”及其他许多繁文缛节的态度，正和庄子对于儒家着重道德教化的态度相同。他说：

“修六度万行，欲求成佛，即是次第。无始以来，无次第佛，但悟一心，更无少法可得，此即真佛，佛与众生，一心无异。”

这种反对传统佛学的精神，和庄子反对儒家的精神是一致的，托马斯·默顿曾这样描写庄子：

“庄子的反对儒教，并不是由于个人不愿受责任约束的一种私欲，而是有更高的目标，这对于我们西方人去了解舍弃道德，只求个人证悟的庄子和禅家，是非常值得注意的一点。庄子所要求的，超过了仁义，他之反儒，是因为儒教尚有所不足。儒教只是要我们成为一个有德行的官吏，或有教养的人，但它却是用外在的规范来约束我们，使我们无法自由地去满足一种不可思议的新需求。”

据笔者所知，这种看法是非常公正和深刻的。禅宗和老庄的思想正是如此。不过笔者要补充的是，默顿神父所指的儒家不能代表孔子，因为孔子到了晚年，他的言行已显得非常圆融而具有超越性了。

黄檗和庄子的思想在根本上是一致的。他们两人都谈到绝对，只是黄檗称它为“真心”，庄子称它为道而已。由于他们都是深思的伟大的神秘主义者，因此他们洞见绝对的悟力也无疑是相同的，事实上，像西方的神秘主义者，如罗士勃洛克（Ruysbroeck）、十字若望（John of the Cross）和艾克哈特（Meister Eckhart）等人的悟力也完全和禅宗及道家相似。

黄檗在禅宗史上的重要性不仅在于他的见解新颖，而尤其在于他那强烈的个性和激烈的方法，深深地影响了他的学生临济和整个临济的宗风。他的作风是如此的猛烈，使他的老师百丈曾把他比作

老虎。有一天，当他工作回来时，百丈问他去了哪里，他回答：

“到大雄山去采菌子了。”

百丈再问：

“你碰到老虎没有？”

黄檗便故意作老虎的吼声，而百丈也故意拿起斧头要砍，这时黄檗便打了百丈一掌，百丈却笑嘻嘻地回到房中。后来在集会时，百丈向大家宣布：

“大雄山下有一只老虎，你们要好好留心，我今天已被它咬了一口。”

这话乃是暗示他已发现黄檗可以作为他的继承者了。

有一次，黄檗拜访盐官禅师时，曾向佛像行礼，这时旁边有个和尚问他说：

“求道之人，不应执着于佛，不应执着于法，也不应执着于僧。请问你为什么要行礼呢？”

黄檗回答：

“我并没有执着于佛，执着于法，也没有执着于僧，我之所以如此，只是随俗而已。”

那个和尚又问：

“请问行礼又有什么用处呢？”

黄檗便打了他一掌，打得那个和尚直叫：

“你这人怎么这样粗野呢？”

黄檗却喊道：

“这是什么所在？你居然在此敢说粗说细。”

读者如果知道那个挨打的和尚是谁，一定会大吃一惊。那和尚就是后来继承了唐武宗的宣宗。

黄檗有一个居士学生，就是在宣宗时曾任宰相的裴休。裴休是位虔诚的佛教徒。有一次，他买了一尊佛像，跪求黄檗替它取名，黄檗叫道：

“裴休。”

裴休应声回答，黄檗便说：

“好了！我已替你取好了名字。”

又有一次，裴休把他解释佛理的一篇文稿给黄檗看，黄檗把那篇东西放在一旁，过了好一会儿才问裴休：

“你了解吗？”

裴休回答：

“我不了解。”

黄檗便说：

“你用我所示这种方法去了解，也许还能把握一二，如果要用文字来表达，那便完全失去了吾宗的精神。”

然而，也幸有裴休的勤勉，我们今天才能读到黄檗的两篇大作，一是《传心法要》，一是《宛陵录》，前者曾被今人翻成了英文，后者是记载黄檗与裴休及其他几位学生的谈话。在该文的结尾，曾特别强调公案对于顿悟的重要性，这显示了自黄檗开始，已把公案当作禅道的一种特殊方法。他常告诉大家禅是生死之所关，不能等闲视之。他说：

“若是个丈夫汉，看个公案：‘僧问赵州，狗子还有佛性也无？州云无。’但去二六时中看个无字，昼参夜参、行住坐卧，着衣吃饭处、阿屎放尿处，心心相顾，猛着精彩，守个无字，日久月深，打成一片。忽然心花顿发，悟佛祖之机，便不被天下老和尚舌头瞒，便会开大口：达摩西来无风起浪，世尊拈花一场败缺。到这里说什么阎罗老子，千圣尚不奈尔何！不信道，直有遮般奇特！为甚如此？事怕有心人。”

在结尾中，他写了一首动人的诗偈：

“尘劳迥脱事非常，紧把绳头做一场。

不是一番寒彻骨，争得梅花扑鼻香？”

以笔者的看法，对所有的禅师来说，整个生命就是一个大公案。在我们一开始真实生活时，便应该参破这个公案。只要我们真实地活着，一切平凡的事都会变得非常奇妙。有一个和尚问百丈什么是世界上最奇妙的事，百丈回答：

“那就是我独坐在大雄峰上。”

这种境地的深度尚含有不同的层次，用理智直观地了解是一回事，而用整个生命的每个细胞去证验又是另一回事。只有我们大死一番，才能再活现成，当然这事谈起来容易，做起来却极难。因为我们经常流于矛盾，经常是冥顽不灵的，正如庄子所谓的：

“其嗜欲深者，其天机浅。”

在庄子的作品中常有许多类似公案的故事，例如，某次有一位很热诚的学道者来拜访老子。老子问他：

“跟随你来的是些谁啊？”

这位学生转身去看，什么都没有，大为惊恐。老子便说：

“你不了解我的意思吗？”

这话更增加了学生的惊恐。于是老子便叫学生告诉他苦恼些什么，这位学生便说：

“我不知时，别人把我当作笨蛋，

我有所知时，而知识却给我带来了烦恼。

我不仁时，伤害了别人，

而我为善时，又吃亏了自己。

我不义时，有损职守，

而我尽职时，又吃力不讨好。

究竟要怎样才能跳出这种矛盾，

这是我所求教于你的了。”

老子回答：

“刚才，我初见你时，

由你的眼神，

知你深陷于矛盾之中，

现在听了你的话，

更知你痛苦已深，

你惊悸于死亡，

就像婴儿失去了父母一样，

你拼命寻求，

就像拿着很短的竹竿探测海底一样，

你想找回失去了的真我，

却茫茫然不知走向何方，

真是可怜啊！”

这位学生便请求让他再修炼工夫，要做到想他所愿想的，不想他所不愿想的。十天以后，他仍然失望了，便又去见老子，老子对他说：

“可怜啊！

到处是阻碍，

到处是症结，

想要打破这些桎梏吗？

假如你的麻烦是外在的，

想要一个个地抓住它们、

摔脱它们，

是不可能的啊！

还不如忘了它们吧！

假如你的麻烦是内在的，

想要把它们碎成片片，

也是办不到的啊！

你所能做的，

乃是让它们失去了作用。

假如你的麻烦在内外都有，

那么即使你持守道德也不可能啊！

为了解决你的问题，

还不如放于道而行，

一切自然地会云消烟散！”

上面所引的一段故事，事实上，就是一个大公案。当一个人被他自己制造的矛盾所困扰而不知所措时，禅师却把他的问题丢在一旁，而直示以道，使他能提升到更高的境界，再俯瞰那些矛盾，都只是些妄想幻影而已，学生的问题就不解而自解，这种经验就像从噩梦中惊醒过来，是那样的扣人心弦，那样的舒畅安然。

第七章

风趣的古佛——赵州从谂

有一次，一位儒生去见他，
被他的智慧所感动而说：
“你真不愧为一位古佛。”
赵州立刻回答：
“你也是一位新如来。”
赵州这话并不只是赞美，
笔者以为这是他很敏捷地修正了“古佛”一词。
因为真正的自我是常新的，古佛却只是死了的佛而已。

从谂禅师就是众所周知的“赵州古佛”，又简称为赵州，这是因为他曾在河北赵州的观音院里做了很久的方丈，在本文中，我们也按照一般习惯，称他为赵州。

赵州俗姓郝，是山东曹州人，生于公元 778 年，依据《传灯录》的记载，他曾活到 120 岁，但也有人说他死于公元 863 年，照这种情形来说，他只不过活了 91 岁。虽然前面的说法是一般传统的看法，但我们却很难断定哪种说法是绝对正确的。

赵州从小就出家，后来他到安徽池州拜南泉为师。当他第一次见南泉时，南泉正仰卧在床上休息。南泉看到了这个年轻小伙子便问：

“你从哪里来？”

赵州回答：

“我从瑞像院来。”

南泉又问：

“你可曾看到瑞像吗？”

赵州回答：

“我没有看到任何瑞像，只看到躺着的如来。”

听了这话，南泉大为惊奇，便坐起来问：

“你是否有师父教导呢？”

赵州回答说有，南泉便问是谁。赵州不答，只是向南泉行礼说：

“深冬，天气寒冷，乞望师父保重尊体。”

这就是说赵州已选了南泉为师。当然南泉也很高兴意外收了这位不凡的学生。南泉对他非常推许，并立刻带他到内室。

当赵州问南泉“什么是道”时，南泉却回答：

“平常心是道。”

赵州再问：

“是否有方法可以达到它呢？”

南泉便说：

“当你一有‘要达到’这个念头，便有所偏差了。”

赵州又问：

“如果封闭一切意念的话，我们又如何能见道呢？”

南泉回答：

“这个道是不在于知和不知的，知是妄觉，不知是麻木。如果你真能毫无疑惑地证得大道，就同太空那样虚豁开阔，毫无间隔，又岂可受外在的是非观念来约束呢？”

听了这话，赵州大悟，于是便正式受戒为和尚。

有一天，他问南泉：

“知‘有’的人，究竟归向何处？”

南泉回答：

“他将下山到村庄中去做一头水牛。”

南泉这话已够奇特，而赵州的反应更为奇特，他非但不感觉诧异，反而向南泉道谢启迪之恩，于是南泉又说：

“昨夜三更月到窗。”

上面的两段对话非常重要，因为这是赵州精神和证悟的基础，也是了解赵州一生言行的钥匙，现在让我们先来看看它们吧！

在第一段对话中，南泉揭示出禅的一个中心思想，就是“平常心是道”。接着又指出道是超越了知和不知，是不能由向外追求，或知解的辩巧而得的。但南泉并没有告诉我们究竟如何才能见道，他只是说见道之后，你的境界将像太空一样虚豁开阔，毫无间隔。笔者相信，在这里他所指的道是超越的，假如平常心是道的话，那么这个平常心也一定是超越的。

在第二段对话中，我们首先遇到了禅的一个术语，就是“知有”，这两字的意思是说“了解本体，或纯粹的存在”，也就是说了解道体，与道体合一。赵州是问一个人要去哪里才能和道体合一，因为依据庄子的看法，道是无所不在的。而南泉为了更真实地去表现道的内在性，便告诉他这种人要到山下去做水牛，当然这里的水牛乃是南泉为了引发赵州的注意力随便说的而已，这点同庄子的道在尿溺一样。但南泉则更进一步，因为庄子只是把对方的念头打消，而南泉则使对方完全悟入。所谓与道合一乃是与整个宇宙及其中的一切东西合一。赵州是充满了这种惊人的悟力的人，当南泉向他一指点后，就像皎洁的月光透入了他的灵魂之窗一样，使他完全开悟了。

所谓开悟乃是解脱一切的妄念和约束。因此一个新开悟者的某些行动也常使那些食古不化的缙绅先生们大为吃惊。可是奇怪的是，这些老师非但不以为忤，反而欣然接受学生那种表面上好像是侮辱的态度。譬如临济打他的老师黄檗一掌时，黄檗却哈哈大笑。同样，赵州对待南泉的态度也是如此。某次，南泉对赵州说：

“现在，我们最好是离群与异类为伍。”（如果不知道佛家的一句谚语“救兽易于救人”的话，就可能不太了解上面这句话的真意。）

赵州却不以为然，而说：

“先不谈‘异’字，请问什么是类？”

南泉两手按地，作四足兽的姿势。赵州便走到他的后面，用脚把他踏倒，然后跑进涅槃堂，大叫：

“悔！悔！”

南泉很欣赏赵州的一踏，却不知他为什么要悔，因此便差人去问赵州悔个什么。赵州回答：

“我懊悔没有多踏他一脚。”

听了这话，南泉反而更为器重赵州了。

照这样看来，禅的世界是多么的光怪陆离啊！但，如果我们知道南泉提出的境界只是为了考验赵州是否悟解得真切深入，而无其他目的，如果我们了解赵州的一踏只是为了扫除类的观念，而无其他用意，那么我们将很容易看出他们这种疯狂的举动中也是自有其方法的。

虽然南泉是大僧院的方丈，但真正为他心许的，却只有赵州一人。事实上，他们两人的密切合作也启发了其他学生。例如，赵州曾在厨房内充任火夫，有一天，他关起门来在房内烧火，烧得整个厨房都是烟，然后大叫“救火，救火!”等大家赶来时，他在房内说：

“你们说对了，我就开门。”

大家都默默无语，这时南泉拿了把钥匙从窗口递给赵州，这正是赵州心中所认为说对了的话，于是便打开门走了出来。

没有人敢说完全了解这段故事的真意，但我们如果把整个故事当作引导开悟的一种指标，也许可以把握住部分的真意。赵州所谓说对了就是打开心灵之门的悟。其实“说对了”并不需要言传，可以表现在默然不语，或递一把钥匙的这一举动中。其他的言教都是像这扇门，必须从内部去开。最后据这个故事所表示，赵州可以不用钥匙把门打开，南泉把钥匙从窗口送进去，对于开门并没有丝毫实质上的帮助，南泉的这一举动只是内在的一个回声罢了。这也就是说明了为什么没有一位禅师敢自夸说他的功劳，尽管他曾经启悟了不少的学生。默顿认为这种态度是来自老庄的无为之道和自然之性。这也正是禅宗继承了老庄思想的地方。

从另外一段公案中，我们可以看出赵州的见解完全和他的老师一致。这个公案的起因是东西两堂的和尚们在争夺一只猫，南泉抓起了这只猫，对大家说：

“你们说对了，这只猫就得救，否则，我就斩掉它。”

大家都默默无语，于是南泉便把那只猫斩成两截。当赵州回来的时候，南泉把前面的话对赵州再说一遍，赵州并不回答，只是把鞋子脱下放在头上，走了出去。南泉便说：

“假如当时你在场的话，便会救了猫儿的命。”

在禅的文字中，这是一则常被讨论到的公案。为什么南泉对这只无辜的猫是如此的残酷无情？他用刀把猫斩成两截究竟有何作用？赵州把鞋放在头上走出去是什么意思？为什么南泉说赵州这种莫名其妙的举动就能解救猫儿？最简单的答案就是：禅超乎意识观念，不是语言所能解释的。但禅虽然超乎意识，却也超乎无意识。虽然这些问题并没有合乎逻辑的答案，但在这两位禅师的行为中，仍然可以看出其心理及精神的动机。假如南泉的做法是令人震惊的，那就是要震断和尚们对于那只猫的执着，南泉对于这些出家的和尚们仍然为了占有一只猫而产生争执觉得震惊。这个问题的所有症结就是要做一个真的和尚便必须一刀斩断尘世界。也唯有用这种无情的方法才能使人真正走向自由和超然。我不敢确定南泉的这种做法是否最完美，但显然最后学生们在精神的解放上都得到了一个难忘的教训。同理，赵州把鞋放在头上走出去好像是完全不合情理，但它却提醒那些和尚们，在真实的境域中，尘世的一切是非价值等都必须颠倒过来。也许很凑巧的，赵州这种戏谑的做法安定了他老师激动的情绪——当然一个悟道者也不免有情绪的生活——好像赵州在说：“老师晚安，轻松一点，好好休息一下吧。”

赵州在悟道之后，曾旅游各地，拜访当代的许多大禅师。这并不完全是为了和那些禅师们交换意见，主要还是因为他喜欢山水，

喜欢到处为家。许多朋友们都劝他定居下来，建立自己的园地，但他始终没有这种需要。

有一次他去拜访茱萸和尚，茱萸对他说：

“像你这样的年纪，也该定居下来弘法了。”

赵州却问：

“我该定居在什么地方啊？”

茱萸惊讶地说：

“什么！像你这把年纪了，居然还不知道自己的住处吗？”

茱萸的意思是说真人即他自己的住处，这是很显然的事实。由于这事实太显然了，因此赵州没有提到它，反被茱萸运用它来嘲弄他，所以赵州叹道：

“我三十年来骑在马背上遨游，想不到今天却被驴子踢了一脚。”

后来有一次，赵州想到山西五台山的清凉寺去，有位佛学家便写了首偈子给他：

“何处青山不道场，
何须策杖礼清凉。
云中纵有金毛现，
正眼观时非吉祥。”

（注：清凉寺位于五台山，是为了崇敬华严宗的四祖清凉而建的，据说当清凉说法时，云中曾出现金毛狮子。）

赵州并不因此而改变他的初衷，他反问那位佛学家说：“什么是正眼？”那位佛学家无话可答。他已知道赵州是带着正眼策杖而行的。

赵州直到80岁左右才定居在赵州东郊的观音院，据说他的生活是苦修式的。在他充任方丈的四十年期间，没有添过一件家具，没有请求过一次津贴。如果以现代一般的观点来看，他也许是一个最没有手腕的方丈了。

虽然如此，但赵州是不会被人遗忘的，某次有位王公去拜访他，他坐着问：

“大王，你会吗？”

对方回答：

“不会。”

他便接着说：

“我自少吃素，现在年已老迈，看见你到来，也无力下床相迎了。”

那位王公非但不责备他，反而对他更加尊重。第二天，王公差了一位将军送口信给他，他却下床相迎。事后，随侍的和尚便问他：

“前次大王来时，你不下床，这次将军来了，你为什么却下床相迎？”

赵州回答：

“你有所不知，第一等的人来，我在禅床上迎接他；中等的人来，我下床迎接他；末等的人来，我到前门去迎接他。”

在这里赵州已不讲俗世社交的礼仪，而是根据对方的精神需要所作的方便教导。

前面我们曾提到“赵州古佛”一语，这句话是南方最著名的雪峰禅师所说的。据说有一次某和尚从南方来拜访赵州，提出雪峰和学生的一段对话：

“学生问：‘如何是古潭寒泉？’

雪峰答：‘即使你瞪目而视，也看不到底。’

学生再问：‘饮水的人怎么办呢？’

雪峰答：‘他不用嘴饮。’”

赵州听了这段话后，便故意幽默地说：

“既然他不用嘴饮，也许用鼻饮吧？”

那位和尚又问：

“那么，你说如何是古潭寒泉呢？”

赵州回答：

“味道很苦。”

那位和尚再问：

“那么，饮的人怎么办呢？”

赵州回答：

“死去。”

后来雪峰听到这段对话，大为赞叹：

“真是古佛！古佛。”

所谓“赵州古佛”的名称就是这样来的。

上面所说的“古潭寒泉”，其实就是道。“味道很苦”的意思是，你要求道，便必须经过严格的自律，达到忘物忘己的地步，唯有吃得苦中苦，才能做得人上人，正是所谓“大死一番，再活现成”。在这段话中可以看出了赵州的乐观和活力，他那深湛的智慧和轻松的幽默感都是从刻苦中提炼出来的。

有一次，一位儒生去见他，被他的智慧所感动而说：

“你真不愧为一位古佛。”

赵州立刻回答：

“你也是一位新如来。”

赵州这话并不只是赞美，笔者以为这是他很敏捷地修正了“古佛”一词。因为真正的自我是常新的，古佛却只是死了的佛而已。

禅师们的共同目的都是要引导学生走向真正的自我，赵州也是如此。只不过他所用的方法有时显得滑稽罢了。

有一天早晨，他接见许多新到的和尚，问其中的一个：“你以前曾来过吗？”

对方点头说是，他便说：

“吃茶去。”

又问另一个和尚，那个和尚回答：

“这是我第一次来到这儿。”

而赵州也说：

“吃茶去。”

这时庙中管后院的大和尚问他：

“曾来过的和尚，你叫他吃茶去，未曾来过的和尚，你也叫他吃茶去，这是什么意思？”

赵州便叫：

“院主。”

这位后院主回答：

“是。”

于是赵州又说：

“吃茶去。”

虽然以上三种情形，都是去吃茶，但每种情形都唤起同样的问题：是谁在吃茶？再说，假如道就是平常心的话，那么每一个平常的行动都是道的表现。有一个和尚问赵州：

“弟子初到丛林，请师父指点！”

赵州问：

“你吃饭了没有？”

那和尚回答：

“吃过了。”

赵州便说：

“那么，就去洗钵盂吧！”

听了这话后，那位和尚便恍然大悟。

赵州正像庄子一样，是主张宇宙一体的，在他的世界观中，万物平等，因为道是无所不在的。

某个漫长的夏天，赵州和他的忠实弟子文远闲坐在房内，突然有个念头掠过这位童心未泯的老人脑中，他便说：

“文远，让我们来做个比赛，看谁能用譬喻把自己比得最低。”文远接受了这个挑战。他们商定，谁赢了谁就要输掉一块饼。于是赵州先：

“我是一只驴。”

文远接着说：

“我是驴子的屁股。”

赵州又说：

“我是驴子的粪。”

文远再说：

“我是粪里的虫。”

到了这时，赵州不能再说，便问：

“你在粪中做什么？”

文远回答：

“我在那里度假。”

赵州便说：

“好了，算你赢吧。”

边说，边拿了饼就吃。

在所有的记载中，这是赵州第一次认输，也许这位老和尚当时很饿，为了得到饼，只好输了这场比赛吧！

我常奇怪为什么有的圣哲之士喜欢谈一些不甚文雅的东西。譬如庄子曾说道在尿溺，霍姆斯法官认为在宇宙中，脑的作用不见得比大肠的蠕动高明多少，同样，在庄子和禅师们的眼中，大肠的蠕动与脑的作用是一样的重要。

赵州认为心净一切净，心不净一切都不净。譬如某天早晨，有一个尼姑要赵州告诉他什么是“密密意”，也就是说最根本的原理是什么。赵州便在她身上捏了一把。实际上他是要告诉这位尼姑最根本的原理就在她自己的身中，但这位尼姑却被赵州出其不意的动作吓得大叫：

“啊！想不到你还有这个在。”

赵州立刻回答：

“是你还有这个在。”

赵州这种非常敏捷的回答，完全是来自肺腑。

在赵州的眼中，真如并不在于形式的教条和铭言。

某次，有位和尚问他：

“什么是你最重要的一句格言？”

赵州回答：

“我连半句格言都没有。”

对方又问：

“你不是在这里做方丈吗？”

赵州回答：

“是呀！那是我，并不是格言啊！”

赵州继承了慧能的思想，特别强调自性，也就是道或真如。他曾说：

> “千人、万人尽是觅佛汉子，觅一个道人无……未有世界，早有此性。世界坏时，此性不坏。一从见老僧后，更不是别人——只是个主人公，这个更向外觅作么？”

又说：

> “佛之一字，吾不喜闻。”

赵州的看法正和马祖、南泉一样，认为这个道或真如是既非心，也非佛，也非物。它是超越了时空，但又遍在一切，譬如，某和尚问赵州：

“什么是祖师西来意？”

他回答：

“庭前柏树子。”

对方抗议他只指出一个物体。但赵州却说：

“不然，我并没有指给你一个物体。”

对方再问：

“什么是祖师西来意？”

赵州仍然说：

“庭前柏树子。”

剥去禅的隐语，赵州所说的也只是指出道在庭前的柏树子中。为什么要单单提到柏树呢？这是因为他当前第一眼看到的是柏树，如果他看到老鹰，一定会说“鹰在天边”。的确，他所说的是物体，不过他是用这个物体去表达道的无所不在。他指给那个和尚的并不只是一个物体，而是因为那个和尚自己的观点只黏着于物体，不能超脱。

赵州对道的看法是和老庄一致的，这并不是他有意地接受老庄思想，而是他的悟解正好和老庄起了共鸣。在另一方面，他并不完全同意三祖僧璨的那几句偈语：

“至道无难，惟嫌拣择；

但莫憎爱，洞然明白。”

在某次法会中，赵州曾持异议：

“才有语言，便是一种拣择，便是为了求明白，我这老僧不在明白里，你们要好好地珍惜它，记在心中。”

当时有个和尚反问：

“既然你也不在明白里，要我们珍惜个什么？”

赵州回答：

“我也不知道。”

对方再问：

“你既然不知道，为什么又知道自己不在明白里？”

赵州避开这个问题而说：

“请你直接去体会吧！”

于是大家便向他礼拜而退。

那位和尚也许不是个初学者，他想逼老师去说清楚他的哲学观点，而掉入了老子所谓“知不知上，不知知病”的窠臼中，但赵州巧妙地避开了这个问题，他像所有伟大的禅师一样令学生站在很滑的地面上，使他们不致躲在那些明确的公式的温床上。当马祖说“石头路滑”时，那也是赞美石头为当代伟大的禅师。

然而没有人比赵州更滑的了，有个和尚问他：

“万法归于一，而这个一归向哪里呢？”

他回答：

“我在青州做了件布衫，重有七斤。”

这简直是答非所问了。然而这段对话，却被后代禅师当作公案去考验初学者。对于赵州来说，一和多是相即相融的。假如多归于一，那么一也归于多，因此宇宙中无论多么微不足道的事物，也都会归于一，和这个一不可分。所以没有任何东西比他在青州所做的七斤重的布衫更具有特殊性了，同时也没有东西比这个“一”更具有普遍性。在宇宙中任何特殊之物也都离不了这个“一”。

那么是否赵州把这个“一”看作道呢？他决不会如此。否则这个道便变成相对之物了。以他的观点，道是超越了一和多的，这似乎是他的中心思想。甚至当他年轻时，在南泉门下，便体会到道的超越性。有一次他引证南泉所谓“道不离物，离物非道”的话而问：

“如何是这个超越的道？”

南泉举棒便打，赵州抓住棒说：

“以后留心，不要错打人。”

这话赢得了南泉的赞美：

“龙蛇易辨，真和尚不可欺啊！”

道不仅是超越了一和多，而且也超越了有和无，现象和本体。赵州特别善于从他所体认的道的超越性中去随意运用相对的术语。某次，有个和尚问他：

“狗儿是否还有佛性？”

他回答：

“没有。”

这话似乎完全违反了佛家的教义，因此对方又反问：

“上至诸佛，下至蝼蚁，都有佛性，为什么狗儿却没有佛性呢？”

赵州回答：

“这是因为它有前世业识的缘故啊！”

又有一次，另一个和尚问了同样的问题，赵州回答：

“有。”

对方又问：

“既然有佛性，为什么却投入了这个狗儿的臭皮囊中呢？”

赵州却回答：

“这是它明知而故犯啊！”

笔者以为假如有第三个人再问这个同样的问题，他也许会回答：

“也有，也没有。”

他答有，是一种意思；答没有，是另一种意思。

赵州对于相同的问题，很少以相同的答案回答。这并不是因为他酷爱新奇，而是他那纯真的心只为了一个目的——引对方走向觉悟。由于这目的，使他在各种不同的情况里，运用不同的答案。也只有这些回答才是活泼的，才是自然地从心中流出的，从另一方面来说，假如你以同样的答案回答同样的问题，那便变成了死板的格式、机械的记忆和单调的陈述了。即使你的答案是独创的、有生命的，可是经过你这种反复的重述后，便会像一个榨干了的柠檬一样失去了它的生命。如果用这种方法，你便会把人变成一只鹦鹉。

据说赵州用这种方法去考验别人，曾揭发了不少假禅者，他有一种判别真假的敏锐感觉。常常有许多自南方来的和尚，他们从许多著名的禅师那里学了不少警句和话头，因此谈起话来非常流利，其实多半是套用老师的话，赵州称这种人为担板汉。有一次，他游五台山，碰到了一个奇怪的老太婆。他的侍从告诉他："这个老太婆常在路边迎接每个来游的和尚，当别人问她山上的庙是如何走法时，她便说：'一直去。'等别人照她的指定走时，她再说：'又是这样去的。'很多人认为她深通禅理。"但赵州却对他们说：

"让我去考验她一下。"

于是赵州故意走向她，她也照常地迎面而来，赵州便向她问路，她说：

"一直去。"

赵州便照她所示的方向走去，她再说：

"又是这样去的。"

第二天，赵州对他的随从们说：

"我已替你们看破她了。"

禅的精神就在于力避陈腔滥调。

庄子曾说："有真人，而后有真知。"赵州的看法也是如此，因为他认为禅的运用，一切都存乎其人。他曾发挥说：

"正人说邪法，邪法亦随正；邪人说正法，正法亦随邪。"

最令人惊奇的是赵州在风烛残年并没有丧失他那青春的活力，他好像永远也不会衰老似的。当时比他年轻许多的禅师都没有像他那样充满了活力。在最后的几年中，他看到了禅宗衰退的迹象。他说：

“九十年来，我曾看过马祖以后的八十余位禅师，他们都具有创造的精神，可是最近几年来，学禅的人却逐渐地走向烦琐、分歧。离前人的创造精神愈来愈远，这种颓风是愈来愈厉害了。”

赵州说这些话是在9世纪末，那时他已是110岁的高龄了。我们不得不承认他观察得正确。这时，禅的黄金时代已过，他可说是唐代最后一位大禅师——是最后，但也是最重要的一位。

赵州并没有建立他自己的宗门，这是因为他极端自由逍遥而无意让别人把他当作偶像来开宗立派。虽然如此，但以后的五宗却都把“赵州古佛”当作他们共同的智慧源泉。因此笔者在这里收集了一些有关他的逸事和警语，这些都足以作为禅宗精神的典型。

1. 赵州和他的像

有个和尚替赵州画了一幅像，当他拿给赵州看时，赵州却说：

“假如这幅像是真的像我，那么就杀掉我，否则就烧掉它。”

2. 放下吧

有位客人很不好意思地说：

“我空手而来。”

赵州说：

“那么，你放下来吧！”

对方更不安地说：

“我没有带东西来，怎么放下呢？”

赵州又说：

“那么，你就带着吧！”

要想进入禅境，单单空手是不够的，你必须空心。对于自己的无知感觉羞愧的人，只表示他的心已被他自己所窒息。

3. 赵州的家风

有个和尚问赵州：

“什么是你的家风？”

赵州回答：

“我内也没有，外也不求。”

4. 乞儿不缺少

有和尚问：

“乞儿来时，我们拿什么给他？”

赵州回答：

“他并没有缺少什么。”

5. 真人非人

有和尚问：

“不与万法为伴的是什么人？”

赵州回答：

“他是非人。”

6. 你是什么人

有和尚问：

“如何是佛？”

赵州回答：

“你是什么人?”

7. 死人送活汉

赵州参加一个和尚的送葬行列，感慨地说：

“许多死人，送一个活汉。”

8. 大笑解嘲

没有比看两位大禅师互相考验、互拉后腿更有趣的事了。当赵州拜访大慈时，他问：

“般若以何为体?”

大慈却反问：

“般若以何为体?”

这次，赵州古佛被人抓住了。因为他问出了一个毫无意义的问题，于是他只得以大笑解嘲，一笑了之。第二天早晨，当他正在扫地时，大慈看到他，便考问：

“般若以何为体?”

赵州放下了扫把，又是一声大笑。于是大慈便静静地走了回去。

9. 代替不来

有个和尚要求赵州告诉他禅学的大义，赵州却说：

“我现在去拉尿。想想看，像这种小事，也要我亲自去做才行啊!”

10. 公开的秘密

有个和尚问：

“如何是赵州?”

显然他并不是问赵州地方，而是问赵州和尚的禅风如何，但赵州却故意用地方的情形告诉他：

“东门，西门，南门，北门。”

这是说他的禅像城门一样，四通八达，任何人只要具有平常心便可从城门进去。但这并不是说城门是常开的，它们有时开着，有时关着。当它们关着的时候，任何外在的力量，甚至全宇宙的力量也无法把它们打开，这就是赵州的禅风——这是个公开的秘密。

第八章

石头门下的后继者——
天皇、龙潭、德山、岩头、雪峰

那时，夜是一片漆黑。

但在烛火点亮又被吹熄后，则显得特别黑。

当外在的光亮熄灭后，内在的光才射出了它的光辉。

当然这也需要因缘和合，

唯有在德山的心灵早已成熟得可以开悟时才会如此。

这就如同所孵的小鸡脱壳一样，

要等外面的母鸡在蛋壳上啄了之后，它才开始向外啐。

在这里，我们要介绍五位重要的禅师，他们不仅是从石头希迁到云门文偃和玄沙师备之间的桥梁，而且都有高度的创造精神，对禅宗的传统都有特殊的贡献。

第一位是天皇道悟（公元748—807年）。

他是婺州（今属浙江金华）人，俗姓张，在14岁那年便想出家，但父母不答应，于是他便每天节食，弄得骨瘦如柴。最后他的父母只好勉强答应了。他25岁那年才在杭州正式受戒，特别注重苦修。后来到余杭去拜访径山道钦，径山属于四祖道信和牛头法融的系统。由于径山的关系，他才第一次接触到禅学。他随径山问学了五年，后来又到马祖那里得到印证。耽了两个夏天，最后便去见石头希迁而问：

"如果超脱定慧，请问你还能告诉别人什么法？"

石头回答：

"我这里本来就没有奴隶，还谈个什么超脱？"

道悟再问：

"这样的话，叫人如何了解呢？"

石头又说：

"你是否懂得'空'？"

道悟回答：

"这一点，我早就有心得了。"

石头说：

“想不到你还是从那边来的过来人呢。”

道悟说：

“我不是那边的人。”

石头说：

“我早已知道你的来处了。”

道悟说：

“你没有证据，怎么就诬赖我呢？”

石头说：

“你的身体就是证据。”

道悟说：

“就算你说得有理吧，可是究竟我要拿什么东西去教导后人呢？”

石头说：

“请问谁是我们的后人？”

这一问，问得道悟豁然大悟，至此才真正了解以前两位禅师所指导他的一切。

第二位是龙潭崇信（不详）。

道悟教人的方法可以从他和学生龙潭的故事中看出。

龙潭出身穷苦，以卖饼过活。道悟从龙潭少时，便知道他具有英才，把庙旁的小屋借给他住。龙潭为了表示感激，每天都送十个饼给道悟。道悟收了饼，每次都剩下一个给龙潭说：

“这是我给你的，希望你子孙繁盛。”

有一天，龙潭感觉到奇怪，心想：这明明是我送给他的饼，为什么又送还给我，其中是否另有深意？于是便大着胆子去问道悟，道悟告诉他：

“是你送来的，又还给你，这有什么不对吗？”

龙潭听了后，颇有所悟，便决心出家，追随道悟。过了一段时期，他对道悟说：

“自从我来到此间，未曾听过你为我指示心要。”

道悟却说：

“自从你来到此间，我没有一时一刻不为你指示心要。”

他又问：

“你指示什么了啊？”

道悟说：

“你递茶来，我接；你拿饭来，我吃；你行礼时，我点头。处处都在指示你心要啊！”

龙潭低头想了好一会儿。这时道悟又说：

“要是见道的话，当下就能见道。否则，一用思考，便有了偏差。”

听了这话，龙潭才真正开悟。接着便问：

“要如何保养这种悟境呢？”

道悟回答：

“只要顺着你的自性，逍遥而游，随着一切外缘，放旷而行，本着平常之心，而没有圣凡之分就可以了。”

后来，龙潭定居于湖南的龙潭，有个和尚问他：

“发髻里的真珠是为谁所得？”（这话正像基督教《圣经》中的“无价之珠”，象征深藏于现象界中的最高智慧。）

龙潭回答：

“只有不赏玩的人才能得到它。”

对方再问：

“我们该把它藏在哪里呢？”

龙潭便说：

“假如有地方可藏的话，希望你也告诉我吧！”

又有一次，某尼姑问龙潭她要怎样修行下一辈子才能变为和尚，龙潭说：

“你做了多久的尼姑？”

尼姑说：

“我的问题是，我是否有变和尚的一日？”

龙潭又问：

“你现在是什么？”

尼姑回答：

“现在我是尼姑，又有谁不知道呢？”

龙潭便说：

“谁知道你？”

又有一次，儒生李翱问龙潭：

“什么是真如般若？”

龙潭回答：

“我没有真如般若。”

李翱又说：

“我真是幸运遇到你这样一位高僧！”

龙潭便说：

“连这话也是多余的啊！”

第三位，德山宣鉴（公元782—865年）。

德山是四川剑南人，俗姓周，早年出家，便博阅律藏，精通《金刚经》，尤其对《青龙疏钞》特别有研究，他常讲《金刚经》，当时人都称他为“周金刚”。后来他听到南方禅学之风很盛，便气愤不平地说：

“不知有多少出家人，花了多少年的工夫，去学佛的威仪和戒行，都未必能够成佛。南方这些小鬼头，居然敢说直指人心，便可见性成佛。我要去捣毁他们的窟穴，杀尽他们的子孙，以报答佛的慈恩。”

于是他挑着《青龙疏钞》，从四川走向湖南。在路上，遇到一个老太婆在卖饼，这时他又倦又饿，便放下了担子，去向那个老太婆买点心。老太婆指着他的担子问：

“这些是什么书？”

德山说：

“《青龙疏钞》。”

老太婆又问：

“是讲解哪一部经的？”

德山回答：

“《金刚经》。”

老太婆便说：

“我有一个问题，如果你答得出，免费供给点心，否则，请到别的地方去买。《金刚经》中曾说：‘过去心不可得，现在心不可得，未来心不可得。’不知你要点的是哪个心？”

德山被问得无话可说，只得饿着肚子前往龙潭。到了法堂上就大叫：

“我早就向往龙潭，可是到了这里，潭也不见，龙也不现。”

龙潭走出来对他说：

“你已亲到龙潭了。”

德山默然无语，但已决心在那里住下来。

有一天晚上，他随侍在龙潭左右，龙潭对他：

“夜已深了，还不回去吗？”

德山道过晚安后，正要出去，又走回来说：

“外面太黑了。”

龙潭便点了一支蜡烛递给他，他正要去接时，龙潭突然把烛火吹熄，就在这时，德山大悟，便向龙潭礼拜，龙潭问他说：

“你见到了个什么？”

德山回答：

“从今以后，我对天下这些老和尚的话，不再有所怀疑了。”

第二天早晨，龙潭向大众宣布：

“你们当中有一个人，他的牙齿像剑树，嘴巴像血盆，打他一棒，连头也不回一下。将来他会跑到孤峰顶上去建立我的宗门。”

也就在当天，德山把《青龙疏钞》在法堂上烧掉，并且说：

“穷诸玄辩，若一毫置于太虚。

竭世枢机，似一滴投于巨壑。”

这段故事不仅动人，而且极为深刻，使我们想起了老子所谓的：

“玄之又玄，众妙之门。”

那时，夜是一片漆黑。但在烛火点亮又被吹熄后，则显得特别黑。当外在的光亮熄灭后，内在的光才射出了它的光辉。当然这也需要因缘和合，唯有在德山的心灵早已成熟得可以开悟时才会如此。这就如同所孵的小鸡脱壳一样，要等外面的母鸡在蛋壳上啄了之后，它才开始向外啐。

德山的烧掉疏钞，以及认为所有最高深的哲学思辨只不过是太虚中的一根毫毛而已，使我想起了圣·托马斯·阿奎那（St. Thomas Aguinas）临终时，曾对那位催他继续写作的秘书说：

“我不再写了，因为以我现在所见，以前所有的著作，都只是一束没有价值的稻草而已。”

德山赋性激烈，在他未悟以前，曾拼命钻研经书，后来听到南方禅风甚盛，便声言要捣其窟穴。可是当他转入禅宗以后，又要激烈地打倒偶像。可见只有绝对的真如才能满足他。终于在那个漆黑的可爱之夜，他发现了真我。这时，一切在他眼中都形同敝屣。我们读到他的许多语录，其见解都是惊人的激烈，譬如他说：

“这里佛也无，法也无，达摩是老臊胡，十地菩萨是担粪汉，等妙二觉是破戒凡夫，菩提涅槃是系驴橛，十二分教是鬼神簿、拭疮脓纸，四果三贤、初心十地是守古墓鬼，自救得也无。”

在接引学生的方法上，德山的用棒和临济的用喝是齐名的，所以有“德山棒，临济喝”之称。有一次，德山向学生们宣布：

“你们说对了，要吃三十棒。说错了，也要吃三十棒。”

这话传到了临济耳中，临济便对他的朋友洛浦说：

“你去问他为什么说对了也要吃三十棒。等他要打你的时候，你就抓住他的棒，向他一送，看他怎么办。”

洛浦依计而行，当他问完，德山要打时，便把棒抓住，往前一送。这时，德山没有任何表情，只是静静地走回房间。洛浦回去后，把经过情形告诉临济，临济便说：

“我早就怀疑德山这人了。虽然如此，你是否对他有所认识呢?”洛浦正想开口回答，临济举手便打。

在德山临终生病时，仍然是游心于绝对之境。有人问他：“是否有永远不病的人?”

他回答：

“有。”

对方又问：

“如何才是永远不病的人?”

他叫着：

“啊唷！啊唷!”

这就是说病人即是永远不病的人。

第四位，岩头全奯（公元828—887年）。

第五位，雪峰义存（公元822—908年）。

德山的弟子不多，最突出的要推岩头和雪峰两人了。就精神的禀赋来说，岩头高于雪峰。岩头的思想锋利有如刀片，他从来不佩服别人，甚至连他的祖师德山和龙潭也不例外。有一天，他去见德山，一进门便问：

“是圣，还是凡？”

德山便喝，于是他就向德山行礼而退。有人把这件事情告诉洞山，洞山说：

“除了岩头，没有人能够承当得了啊！”

当岩头听到洞山的评语，便骂道：

“洞山这个老和尚，不识好歹，把我估价低了。他不知道那时，我正在一手抬着他（指德山），一手按着他呢！”

岩头问德山“是圣是凡”的意思是说没有圣凡之分，而德山的一喝也表明和岩头的看法相同。至于岩头向德山礼拜，一方面是表示他满意德山的反应，一方面又要考验德山如何反应。可是不幸德山却像偶像似的坐着，接受礼拜，这表示他已自认为圣者。

在另外一段故事中，我们可以看出岩头是极端地崇尚超越性。有一次，他和雪峰、钦山在一起闲谈。雪峰突然指着一盆清水，钦山便说：

“水清月自现。”

雪峰却说：

“水清月不现。”

岩头默然不语，把盆踢翻而去。

从这段故事中，很清楚地看出钦山是肯定的，雪峰是否定的。至于岩头把盆踢翻究竟代表什么呢？也许他想用这一踢表明自己要超越肯定和否定。岩头常常喜欢说“末后句”。在他的眼中，很少的禅师知道这个“末后句”。也许他这一踢，就是他的“末后句”。然而无论如何，他很少让别人去说“末后句”。

雪峰的思想不如岩头敏捷，但由于他具有诚直、仁慈、忍耐、无私等美德，使他在禅宗史上成为一位了不起的禅师。他最大的特性就是能够让别人去说“末后句”，而且能对别人所说的，加以衷心赞许。假如说岩头有一颗光辉夺目的心的话，那么雪峰便有一个伟大的灵魂。他正像一只母鸡孵出了不少杰出的学生，如云门和法眼的祖师玄沙等。云门和法眼这两个禅学上重要的宗派都是由他一手开展出来的，至于岩头却始终没有结出果来。

然而不可否认的是，雪峰和岩头都是德山的弟子，而且雪峰称岩头为师兄，他的悟道也是得到这位师兄的帮忙。有一次他们两人一起旅行，当他们走到湖南鳌山时，正碰到大雪阻途，不能前进。岩头整天不是闲散着，便是睡大觉，而雪峰总是在坐禅。有一天，雪峰想把岩头唤醒，叫道：

“师兄，快起来。”

岩头问：

“起来干什么？”

雪峰喃喃自语：

“真倒霉，与这个家伙一起行脚，被他拖累。我们到了这里，他就一直只管睡。”

岩头喝道：

“闭你的嘴，去睡你的觉吧！你每天盘腿坐在床上，就像村庄里的土地公，以后你将会误尽那些善男信女。”

雪峰指着自己的胸口说：

“我这里还不够稳定，怎么敢自欺欺人呢？”

岩头奇怪地说：

“我本以为你将来要到孤峰顶上去建庙，宣扬大教，却想不到你说出这种话来。”

雪峰回答：

“实在是因为我心有未安啊！”

岩头又说：

“真是如此的话，那么你把所见的，一一告诉我。对的，我为你印证；不对的，我替你破除。”

于是雪峰便一五一十地告诉岩头，他如何在盐官禅师那里得到入门，如何在读了洞山的悟道偈后有所感触，以及问德山最上宗乘之事，而被德山打了一棒说“你谈些什么？”使他当时有如脱底之桶，茫然无着。岩头听了雪峰的话后，便喝道：

“你没有听过吗？从门入者，不是家珍。”

雪峰便问：

“那我以后怎么办呢？”

岩头回答：

“假如你要宣扬大教的话，必须一切言行都从自己胸襟中流出，去顶天立地而行。”

听了这话，雪峰才真正地彻悟，于是便向岩头行礼，大叫着说：

“师兄啊！今天在鳌山我才算真正地成道呢！”

后来雪峰做方丈时，门下有一千五百余学生。某次，有个和尚问他在德山那里学到了些什么，他回答：

“我空手去，空手归。”

他在这里指出一个真理，就是没有人能真正从老师那里得到什么。这显示了雪峰和其他的伟大禅师一样卓越。另一方面，由于身为那么多学生的导师，他有责任勉强自己去适应学生们的需要。他必须把剑放在鞘里面，不让锋芒外露。有人问他：

“假如箭露了锋芒时如何？”

他回答：

“才气凌人的射手不能中靶。”

在这里可见他也是倾心于道家的和光同尘之说。不过他深知专用一种方法常会障蔽初学者的眼目。所以有个和尚要他指示入禅的法门，他却说：

“我宁愿自己粉身碎骨，也不愿蒙蔽任何人的眼目。”

雪峰善于认识别人的高明之处。他自认不如黄涅槃，而说：

“我住在三界，而你已超出了三界。”

他称沩山为“沩山古佛”，称赤州为“赤州古佛”。当三圣禅师问他：“用网也网不到的金鳞，应该用什么为饵？”

雪峰回答：

“等你出了网以后，我再告诉你。”

三圣便说：

“想不到拥有一千五百弟子的老师，连话头也不知道。”

雪峰歉疚地说：

“这是因为我做方丈的事太繁忙了啊！”

又有一次，雪峰和三圣同去田间劳作，在路上看见一只猴子，雪峰便说：

“每个人心中都有一面古镜，这个猴子心中也有一面古镜。”

三圣回答：

“旷劫以来一切都是无名的，又哪里有古镜呢？”

雪峰回答：

“产生了瑕疵的缘故啊！”

三圣便说：

“你这老和尚，急个什么，连话头都不知道呢。”

雪峰又回答：

“这是因为我做方丈的事太繁忙了啊！”

显然，雪峰也和三圣一样知道话头的重点，但他之所以说“古镜”，说“瑕疵”，乃是为了初学者。他知道这样做比较清楚。有一次，他问一位拜访的和尚从哪里来，对方说：

“覆船。”

他便说：

“生死之海还没有渡过去，为什么先要覆船呢？”

那位和尚不知雪峰谈些什么，便回去把经过告诉给覆船禅师，覆船对那位和尚说：

“你为什么不告诉雪峰我已超越了生死呢？”

于是那和尚又去把覆船指示的话告诉雪峰，雪峰便说：

“我有二十棒，请你转带给覆船，另外有二十棒我留给自已吃。这一切与你无关。”

覆船的错误是偏于超越性，雪峰的错误是偏于内在性。老子曾说过：

“知其白，守其黑。”

雪峰知道彼岸，但他却宁愿留在此岸。唉！一个伟大导师的苦心孤诣真是不可思议的啊！

第九章

沩仰宗的祖师——沩山灵祐

假如临济和沩仰都与道家有血统关系的话，
那么以激烈的性格来论，
临济是偏于庄子的，
以其成熟和宁静来论，
沩山和仰山是偏于老子的。

沩山灵祐（公元771—853年）是百丈的学生，也是沩仰宗的创始者。他的开悟经过也很特殊。有一天，他正在侍候百丈，百丈要他拨拨炉中，看看是否有火。沩山拨了一下说看不到火。于是百丈就亲自去深深地一拨，居然拨出了一点火星，便指给沩山说：

“这不是火吗？”

听了这话，沩山才恍然大悟。

这点深藏着的火星，正象征了沩仰宗的禅风。后来沩山的学生仰山悟道时，很巧的，也是谈到了这点灵火。据说那次仰山问沩山：

“什么地方是真佛的所在？”

沩山回答：

“要想到那无思的妙处，要反照心中灵火的不朽。想到极点，又必须返本归源，使你的本性和形相都永恒地合一不变，这就是真佛的如如之境。”

以笔者看来，现象界的相对和本体界的绝对是一致的，正如老子的“妙”和“徼”都是玄同的一体，这种深藏在我们身中的灵火，也正是老子所谓的“微明”和“玄览”。

假如临济和沩仰都与道家有血统关系的话，那么以激烈的性格来论，临济是偏于庄子的，以其成熟和宁静来论，沩山和仰山是偏于老子的。

有个和尚问沩山：

“什么是道？”

沩山回答：

“无心是道。”

对方说：

“我不会。”

沩山回答：

“你最好是去认识那个不会的人。”

对方又问：

“什么是不会的人？”

沩山回答：

“不是别人，而是你自己啊！”

接着，沩山又说：

“你们要能当下体认这个不会的，就是你们自己的心，就是你们向往的佛。如果向外追求，得到一知半解，便以为是禅道。这真是牛头不对马嘴。正如把粪便带进来，弄污了你的心田，所以我认为这不是道。”

从这段对话中，我们便可以很清楚地联想到老子所谓的“为道日损”了。

沩仰宗的一个最大贡献，乃是仰山所分的“如来禅”和“祖师禅”。有一次仰山考验他的师弟香严智闲，问他最近心得如何，香严作了首偈语说：

“去年贫未是贫，

今年贫始是贫。

去年贫，犹有卓锥之地，

今年贫，锥也无。”

仰山听了后便说：

“师弟啊！我承认你尚懂得如来禅，至于祖师禅，恐怕你连梦都没有梦到呢！”

于是香严又作了首偈语说：

“我有一机，

瞬目视伊。

若人不会，

别唤沙弥。”

听了这首偈语后，仰山非常高兴，便去报告沩山：

“真令人兴奋，师弟已懂得祖师禅了。”

假如我们把前面的两首偈语做一比较，将可以看出禅的两个层次，第一首偈子所说的虽然是精神生活的高度表现，但仍然只属于信仰、禅定和苦行的范围，只要我们专心于沉思或读经，都可以达到此一境界，这就叫作如来禅。至于第二首偈子却已悟入了真我，仰山称它为“人位”，以别于“信任”。这是一种超越了观念、理性甚至伦常等的精神境界。其中“瞬目视伊”是全偈的重心所在。这个伊，即“他”“那个”“此”。这些代名词都是被禅师用来直指玄妙的真我。

虽然禅学各宗都要证取这个内在的真我，但由于沩仰宗在我们身中拨出了这点“瞬目视伊”的灵火，使我们更确信“伊”就是我们自己。这点灵火（或玄妙的悟解）是机，真正的自我是体，而开悟后的言语行为是真我的“用”。这个真我和道的关系，正像印度婆罗门教中的自我与梵天了。

沩仰宗的另一重要贡献乃是：一方面固然强调顿悟，另一方面也不废渐修。某次，有个和尚问沩山：

“顿悟之后，是否还须修持呢？”

对于这个问题，沩山的回答是顿渐合一。这种看法也成为此后佛家哲学中一个极普遍的原则。由于沩山的这段话非常有意义，现在把原文摘录如下：

“若真悟得本他自知时，修与不修是两头语。如今初

心虽从缘得，一念顿悟自理，犹有无始旷劫习气未能顿净，须教渠净除现业流识，即是修也。不可别有法，教渠修行趣向，从闻入理，闻理深妙，心自圆明，不居惑地。纵有百千妙义，抑扬当时，此乃得坐披衣，自解作活计，始得。以要言之，则实际理地，不受一尘，万行门中，不舍一法。若也单刀直入，则凡圣情尽，体露真常，理事不二，即如如佛。”

沩山好像是位天生的老师，他非常聪明、成熟，具有引导学生开悟的极大耐力。有一天，仰山正在采茶（此时，他还未悟道），沩山对他说：

“我们采了一整天茶，我只听到你的声音，却没有看到你的形体呢！”

听了这话，仰山便摇着树，于是沩山又说：

“你只知道它的用，而没有得到它的体。”

仰山不服气地说：

“那么老师你要怎样呢？”

沩山没有回答，沉默了很久，仰山又说：

“老师，你是只得到它的体，而不知道它的用。”

沩山便说：

“我要送你三十棒。”

仰山反驳说：

“你的棒，给我吃，我的棒，要给谁吃？”

沩山又说：

“再送你三十棒。”

当然，这个内在的真我，无论是六祖所谓的自性也好，本来面目也好，或他们两人所说的体也好，因为是不可见的，所以也是无法表达的。仰山的摇树显然是用以表达内在的真我，很多禅师却宁愿用沉默，或打消的方法来表达。在这里，仰山并未犯严重的错误。可是当他说沩山只知体而不知用时，却犯了一个根本的错误，因为用是包含在体中，没有无用之体。这也就是沩山之所以无论如何，总给仰山吃三十棒了。

在这里，我们又可以看到沩仰宗的另一动人的特色。就是本宗的禅师们，据记载很少是用棒喝来接引学生的。只有一次例外，某天，沩山对大家说：

“你们这些人，都只知道大机，而不知道大用。”

仰山便把这话说给山下的庵主：

“老师是这样说的，究竟他的意思是什么？”

庵主要仰山再说一遍，当他正想开口时，庵主就把他一脚踢倒。于是仰山便回去把经过告诉沩山，沩山听了大笑不已。

无论如何，这个庵主究竟是否属于沩仰宗的人物，是值得怀疑的。至于沩山对学生的痛苦经验报以大笑，也许是出于幽默。但要是被一个身强力壮的人踢了一脚，或打了一掌，可真不是幽默的味道了。

沩山这种如慈父般的温和，只是一种表面的掩饰而已，骨子里却是非常激烈的。有一次，当沩山正在打坐，仰山走进他的房间，他便问：

“孩子，你快点说啊！不要走入阴界。”

他说这话的意思是要仰山快点开悟，而不要执着于文字和概念。仰山便回答：

“我连信仰都不要呢？”

沩山又问：

“你是相信了之后不要呢，还是因为不相信才不要呢？”

仰山回答：

“除了我自己之外，还能信个什么啊！”

沩山又说：

“如果是这样的话，也只是一个讲究禅定的小乘人罢了。”

仰山反驳说：

“我连佛也不要见。”

于是沩山又问：

“四十卷涅槃经中，有多少是佛说的，有多少是魔说的？”

仰山回答：

“都是魔说的。”

听了这个答案，沩山非常高兴，便说：

“此后，没有人能奈何你了。”

这段话使我想起了霍姆斯法官有一次对我说：

“在任何哲学体系里，基本的观念都是最简单、清楚的，但所用以表达的文字，却是一个欺人的恶魔。”

假如我们永远不忘“文字是恶魔”的话，那么我们读任何东西，都不致为文字概念的网所束缚了。

以笔者看来，仰山的思想比他的老师更为敏锐。有一天，他们两人走到田间，沩山对仰山说：

“你看，这一块田，这边高，那边低。”

仰山说：

“错了，是这边低，那边高。”

沩山又说：

“你如不信的话，我们站在中间，往两边看看，到底哪边高。”

仰山便说：

“不要站在中间，也不要只看两边。”

沩山又说：

“让我们用水平来量，因为没有东西比水更平的了。”

仰山却说：

“水也没有一定的体性，它在高处是平的，在低处也是平的。”

沩山被仰山答得无话可说了。

沩仰宗的风格是非常吸引人的，它虽然不像临济和云门宗那样机锋峻烈，不像曹洞宗那样稳顺绵密，也不像法眼宗那样思路开阔，但比它们却更为深入。香严的悟道是一个很好的例子。香严本是百丈门下的学生，那时他虽然才气焕发，思辨敏捷，博通经典，但始终未悟禅道。百丈死后，他便追随百丈的大弟子沩山。沩山对他说：

“你在先师百丈处，听说是问一答十，问十答百，这是因为你聪明伶俐，智解辩捷，但生死事大，请你告诉我在父母未生前，你是怎样的?”

这话问得香严茫然不知所对。回到了房内，便把平时所看过的书翻出来，要寻一句来对答，但总是找不到一句适切的话，因而感慨地说：

“画饼究竟不能充饥啊!”

此后，他曾屡次要求沩山替他说破这个秘密，可是每次沩山都说：

“如果我现在替你解说，将来你一定会骂我。不论如何，我所说的只是我的，跟你又有什么关系呢?”

香严非常失望，便把所有的书都烧了，说：

“这一辈子我不再学佛法了，还不如做一个到处去化缘乞食的和尚呢!”

于是他挥泪离别了沩山。经过南阳地方时，便去参拜慧忠国师的遗迹。在那里暂住下来。有一天，当他正在铲除草木时，偶然抛一块瓦砾，击中了竹子，发出清脆的一声。这一声突然把他带入了悟境。于是他便回房沐浴焚香，向着远空遥拜说：

“师父啊，你对我的恩惠胜于父母，如果当时你为我说破了这

个秘密，哪有今天的顿悟呢？”

笔者常想，不知有多少可造的天才被埋没了，就是由于老师们解说得太多。因为这一切必须求之于他们自己的经验。就以沩山所表现的来说，他的伟大还是在于他的未曾替人说破。

沩仰宗虽然只传了五百余年，但它的精神却是不朽的，它的许多悟解都成为禅学上极重要的思想。笔者对于他们师生间那种敏捷的幽默和平静的对答极有兴趣。例如：

某次，当仰山度完暑假回来看望沩山，沩山问他：

“孩子，我已有一个暑假没见你了，你在那边究竟做了些什么啊？”

仰山回答：

“啊！我耕了一块地，播下了一篮种子。”

沩山又说：

“这样看来，你这个暑假未曾闲散过去。”

仰山也问沩山这个暑假做了些什么，沩山回答：

“白天吃饭，晚上睡觉。”

仰山便说：

“那么，老师，你这个暑假也未曾白度过去呢！”

说了这话，仰山发觉自己这话有点讥讽的味道，因此便不自觉地伸出了舌头。沩山看到仰山的窘态，就责备他说：

“孩子，为什么你看得那么严重呢？”

这段话是说：一个人如果对于自己所说的那些合于禅理的话感觉到很窘，这正表示他犹有俗态。因此，我们至少要忘了那些庸人自扰的举动。没有理由伸舌头，也没有理由去责备。即使需要严厉的责备，也应出之于温和幽默的态度，唯有这样，才能深入。

在仰山做了方丈之后所说的话中，我们可以看出他受沩山感染之深。下面所引他的一大段话，可以说是整个沩仰宗思想风格的缩影：

“汝等诸人，各自回光返照，莫记吾言。汝无始劫来，背明投暗，妄想根深，卒难顿拔。所以假设方便，夺汝识。如将黄叶止啼，有什么是处，亦如人将百种货物，与金宝作一铺货卖。只拟轻重来机，所以道石头是真金铺。我这里是杂货铺。有人来觅鼠粪，我亦拈与他。来觅真金，我亦拈与他……索唤则有交易，不索唤则无。我若说禅宗，身边要一人相伴亦无，岂况有五百七百众邪？我若东说西说，则争头向前采拾。如将空拳诳小儿，都无实处。我今分明向汝说圣边事，且莫将心凑泊。但向自己性海，如实而修，不要三明六通。何以故？此是圣末边事，如今且要识心达本。但得其本，不愁其末。他时后日，自具去在。若未得本，纵饶将情学他亦不得。”

第十章

曹洞宗的祖师——洞山良价

任何人提到洞山和曹洞宗的思想都会注意到“五位君臣”的原理。

像这种原理，

并不是曹洞宗的中心思想。

它们只是接引根机较差的学生的一种权宜方法而已。

遗憾的是禅宗史家们总是把权宜方法当作基本原理，

而忽略了根本的精神。

曹洞宗的建立者是洞山良价（公元807—869年）和他的学生曹山本寂（公元840—901年）两人。我们之所以称该宗为曹洞，而非洞曹，这并不是因为学生比老师更重要，而是由于学生所住持的曹山和六祖的号“曹溪”有同一个曹字，为了尊崇六祖，所以叫作曹洞。

洞山是浙江会稽人，俗姓俞。幼时便出家做和尚，他的老师教他念《般若心经》。当他读到“无眼耳鼻舌身意”处时，便突然用手扪住了脸问：

“我就有眼耳鼻舌等，为什么经中却说没有呢？”

那位老师对于他的问题，不禁大为惊骇。

这个小插曲是颇有意义的。虽然洞山这时思想尚未成熟，但他这种独立的精神却是追求真理所不可缺少的。在当时一般的学生都不会怀疑神圣的经书有错误，唯独洞山不愿被任何人、任何书所蒙蔽。这使得那位老师大为惊骇而说：

“我不配做你的老师。”

洞山在20岁以前信念还没有确定，因此他必须游化各地去拜师问道。他第一个参拜的是马祖最得意的学生南泉。那天正是马祖逝世纪念日的前夕，南泉对大家说：

“明天我们为马祖设斋，不知马祖是否会来。”

大家听了都默然无语，洞山却站出来说：

“等到有伴，他就会来。”

南泉听了便说：

“这和尚虽然年轻，却颇堪雕琢。”

洞山不以为然地说：

“大和尚，可别压良为贱啊！”

在这里他又表现出那种独立的精神。事实上，以内在的真我来说，根本是不能雕琢的。

他第二个参拜的是沩山，他问沩山是否无情之物真会说法。如果无情会说法，为什么我们却听不见他说法呢？经过了一番讨论，最后，沩山说：

“我父母所生的嘴巴，不是替你解说的。”

听了这话，洞山迷惑地问：

“那么，是否另外还有得道之人，我可以向他去求教呢？”

于是沩山便介绍洞山去见云岩昙晟（公元782—841年），见到云岩，他便直截了当地问：

“无情说法时，谁能听到？”

云岩立刻回答：

“无情能听到。”

洞山再问：

“你能听到吗？”

云岩说：

“假如我能听到的话，我便成了法身，那么，你就听不到我说法了。”

洞山仍然不解地问：

“我为什么听不到呢？”

云岩便举起了拂尘说：

“你听到了吗？”

洞山回答：

“听不到。”

云岩便说：

“我说法，你都听不到，更何况无情说的法呢？”

洞山又问：

“无情说法出自何典？”

云岩回答：

“《弥陀经》中不是说‘水鸟树林，悉皆念佛念法’吗？”

听了这话，洞山心有所悟，便作了首偈子说：

“也大奇，也大奇，无情说法不思议。

若将耳听终难会，

眼处闻声方得知。”

接着云岩又问洞山：

“现在你很高兴，是吗？”

洞山回答：

“我岂敢说不高兴，我高兴得正像在垃圾堆中，捡到了一颗明珠。”

所谓明珠，当然是指新的悟境，至于垃圾堆可能是剩余的积习。他自认这些积习还存留在心中。

当洞山辞别云岩时，云岩对他说：

“自此一别，恐怕很难再相见了。”

洞山却说：

“是难得不相见呢！”

临行时，洞山又对云岩说：

“在你离开世间后，如果有人问起关于你的情形，我将怎么回答呢？”

云岩沉默了好一会儿，才说：

“就是这个。”

听了这话，洞山沉吟了一会儿，云岩接着说：

“你须承当大事，自己要小心啊!”

于是洞山走上了行程，路上玩味着老师的那句：“就是这个。”后来，当他渡河时，偶然看到河中自己的倒影，使他突然间彻悟了所谓“就是这个”的真意，便把心得写成了下面一首偈子：

“切忌从他觅，
迢迢与我疏。
我今独自往，
处处得逢渠。
渠今正是我，
我今不是渠。
应须恁么会，
方得契如如。”

这里所谓如如，也就是《道德经》中的常道，印度教中的梵天，和《旧约》中的“我是自有者”。其中最有意义的两句是：

“渠今正是我，
我今不是渠。”

很显然，“我”和“渠”之间有显然的差别。渠是我，而我不是渠。这正像说，虽然上帝是比我更真的我，但我不是上帝。我和渠之间的关系，正如自我之于梵天，真人之于常道了。

这首偈子不仅在佛学中，而且在世界所有描写精神的文字里，都是稀世的珍宝。它给予我们一种开阔的视界，一种活生生的经验。这境界是明澈的，又是深湛的，正如杜甫的诗句：

“秋水清无底。”

在这首偈子中，你可以看到这位特立独行而又平实朴质的洞山，已迈入了一个新的境界。他是孤高的，也是随俗的；他达到了绝对的一，但并不完全遗弃了多；他超然物外，但却步步踏实。他所契合的如如，使他又回到此时此地的“现在”。

当他走到泐潭的时候，看见一位名叫初的首座在对大家说：

“也大奇，也大奇！

佛界道界不思议。”

洞山便问：

“我不问道界佛界，只问刚才在说佛界道界的是什么人？”

初首座默然无对，洞山又说：

“为什么不快说呢？”

初首座说：

“快了就无所得。”

洞山便说：

“你说都未曾说，还谈什么快了就无所得。”

初首座又是无话可说，洞山便接着说：

“佛和道，都只是名词而已。为什么不引证教义来看看呢？”

初首座便问：

“教义是怎么说的？”

洞山回答：

“得意忘言。”

洞山这句话引自庄子书中，是值得重视的，因为这不但证明他的思想是兼容并包的，而且也说明了禅和道之间的密切关系。

大约在公元860年，洞山50余岁时，便做了江西洞山的方丈。有一次，在云岩的逝世纪念会上，有个和尚问他：

“师父，你在云岩处是否得到了什么特别的指示？”

洞山回答：

“我虽然在他那边，却没有得到指示。”

对方又问：

“既然如此，你为什么还要设斋供奉他呢?”

洞山回答：

“我岂敢暗地违背他?”

对方又问：

“师父最先拜见的是南泉，为什么却替云岩设斋?”

洞山回答：

“我并不是尊重云岩的道德佛法，只是尊重他没有替我说破这个秘密。”

对方又问：

“师父替先师设斋，是否完全同意先师的见解呢?”

洞山回答：

“一半同意，一半不同意。”

对方又问：

“为什么不全部同意呢?”

洞山回答：

“如果照你所说全部同意，那我便完全辜负了先师之意。”

由此可见他到了年长时，仍然没有松懈他那特立独行的精神。其实，学生必须比老师更为伶俐，才能得到老师的传灯，这也正是禅宗的一个传统。

有和尚问洞山：

“在冷天或热天里，我们要到哪里去躲寒避暑?”

洞山回答：

“为什么不到不冷不热的地方呢?”

对方又问：

“那是什么地方?”

洞山回答：

“那地方是冷时冻死你，热时烤死你。”

从这里，我们可以看出洞山是何等有耐心，何等思路敏捷的一位老师啊！在他手上，即使是一个微不足道的问题，也会被他当作跳板，跳入了玄妙的智慧之海。

洞山的脾气比较平和，不会用棒用喝。也不会叫人去苦参公案。他的对话都是平易而深刻的，正像橄榄一样，愈嚼愈有味。例如，有个和尚问他：

"先师云岩是否曾说过'就是这个'？"

洞山回答：

"是。"

对方又问：

"你知道他的意思吗？"

洞山回答：

"当时我差点就会错了意呢！"

对方再问：

"不知先师自己是否知道'有''这个'？"

洞山回答：

"假如他不知道'有'，他怎么这样说？假如他知道'有'，他怎么肯这样说？"

所谓"这个"是指真我，"有"是指实有。严格地说，真我和实有都不是能用语言表达的。因此一个人当他体悟到真我或实有时，他同时也体悟到这是不能用语言表达的，即使"这个"两字，也嫌多余。在这里，我们可以看出洞山暗示给对方的是什么了。作为一个伟大的禅师，他的教授法，并不是提供出自己的见解，而是用问题去刺激学生，让他们自己去想，去自寻解答。学生自己所发现的解答，远比老师教给他的，更有价值。

任何人提到洞山和曹洞宗的思想都会注意到"五位君臣"的原理。像这种原理，并不是曹洞宗的中心思想。它们只是接引根机较差的学生的一种权宜方法而已。遗憾的是禅宗史家们总是把权宜方法当作基本原理，而忽略了根本的精神。

为了说明这一点，我们特别把“五位颂”的原理加以简单分析。（事实上，关于“五位颂”的看法，洞山和曹山都各有其观点。）洞山所提出的“五位”是：

1. **正中偏**

2. **偏中正**

3. **正中来**

4. **兼中至**

5. **兼中到**

这“五位”是指精神开悟的五个阶段，现在分别讨论如下。

第一个阶段：

在这阶段中，学生不知自身就是本体，而只注意到现象。他不知自己本是主人，而偏要去做客。但实际上，本体和现象合成一个活的整体，即是老子所谓的玄同。因此如果你从现象方面，穷索其间的法则和关系，也许照样能帮助你上天入地，直达本体。一个人在研究现象时，就会渐渐感觉到心的作用。在客观中发现主观，就是自我发现的开始。同样，在道德方面，一个人起初总是染于习俗，以为那样是神圣的，普遍的，可是后来经验逐渐丰富，才发现最熟悉的未必对，而不常见的未必错。他被这种道德标准的混乱现象所迷惑，不得不返向内心，去寻求理性意识的指导。这一来，他便逐渐发现自己是主人，而不是奴隶。但在这个时期，旧的积习仍然很难完全破除。

洞山曾替这阶段作了一首颂说：

“正中偏，

三更初夜月明前。
莫怪相逢不相识，
隐隐犹怀旧日嫌。”

第二阶段：

在这阶段中，我们已由现象看到本体。这是一个返回内心的转变。你已看到了曙光，正像看到故友似的，你不再为过去痛苦的经验所烦恼。以前你认贼作友，现在却不再受骗了。你已看透虚幻的世界，悟入了真实不变的本体。这一阶段，即是顿悟的经验。

洞山曾替这阶段作了一首颂说：

“偏中正，
失晓老婆逢古镜。
分明觌面别无真，
休更迷头犹认影。”

第三阶段：

由于在前一阶段已经开悟，因此这时，他已是真正的自己，他是真人，至人，主人，王公。他已完全进入了“人位”，可以称为“道人”。现在这位道人又要回到现象世界，为众生而工作，而说法。这第三阶段可以称为“正中来”。从本体回来的人，虽然到了现象世界，但却不是属于现象世界。洞山曾为这阶段作了首颂说：

“正中来，
无中有路隔尘埃。
但能不触当今讳，
也胜前朝断舌才。”

这首颂是说，他了解要把自己亲身的体验，告诉那些未悟的人，是不太可能的。他也了解用清楚易记的公式来代替事物本身，是会产生很大的偏差。这也正是禅师们之所以常用否定法，而不愿沿袭旧规。有时，他们用有趣的寓言、标新立异的话，甚至于用棒、用喝，用无意义的回答等去对付所提出的重要问题，而不采用那种令人产生错觉，或使人厌烦的呆板定义和系统的观念。伟大的禅师只有一个目的，就是唤醒学生的潜能，使他们想到自己，想想自己是谁。至于他们是否已运用了最完美的方法，那又是另一回事了。

第四阶段：

当悟道者深入现象世界后，他感觉此刻比以前更自在，他体验到烦恼就是菩提。以前他只是在理智上了解本体和现象是合一的，现在他已是亲身具有这种经验了。他看出本体现象同属相对的范围，不是绝对的。正如老子所谓的妙（本体）和徼（现象），共出于玄同。这个玄同是比本体和现象更先更高的。事实上，本体和现象都是从同一个根源中流出的河川，只是人们加以不同的称呼而已，其实它们本身并没有真正的差别。开悟后的人并不是只有一个本体的自我，而是和现象融为一个整体的。他并不只希冀着本体，而是要从事物身上“上穷碧落下黄泉”地直探到无极之境。我们如果读到洞山所作的颂，对于这点将更为明了：

“兼中至，
两刃交锋不须避。
好手犹如火里莲，
宛然自有冲天志。”

最后阶段：

这时，他的心已由本体和现象的融合，而到本体和现象的一体。在前一个阶段时，仍然有超然物外的希望，这可以称为“超宇宙”，而现在却更进步了，可称“超以象外，得之寰中”。因为一个人达到了超然境界之后，他却必须回到这个本体现象合一的世界，这才是“百尺竿头须进步”的真义。在前一阶段，他是英雄，但这时，他发现了地上的乐园，发现生活上任何极平凡的事，都是最神圣的。这便是烦恼即菩提的境界。正如洞山的颂：

“兼中到，
不落有无谁敢和。
人人尽欲出常流，
折合还归炭里坐。”

所谓“炭里坐”，是说完全包围在黑暗中。洞山把这境界当作精神发展的最高峰，比起前面的阶段来，也许有人以为有点虎头蛇尾之感。其实一个精通玄妙的人，如果他最后所发现的，和以上所说的完全不同的话，那才真是令人诧异呢！所以即使是在极度神秘的境界中，这种不平凡的平凡对他也是非常有用的。他是和老子、庄子、普罗提诺（Plotinus）、艾克哈特（Eckhart）和十字若望是同一个境界。老子说“知不知上”，那些崇尚玄黑的禅师都和老子的见解相呼应。洞山所说的“炭”，也只是玄黑的一种象征。他曾说：

“有一物上拄天，下拄地，黑似漆，常在动用中。”

这简直像一个谜语。其实，这不只是谜，而是道，而是玄同。

另外，洞山又提出五个阶段，叫作：

1. **向**
2. **奉**
3. **功**

4. **共功**

5. **功功**

显然这是指导学生精神修炼的一个方位蓝图！

1. **向：**

禅师必须非常仁慈，他的行为和智慧才能受学生的爱戴，也才能实现他的理想。洞山曾作偈说：

> “圣主由来法帝尧，
> 御人以礼曲龙腰。
> 有时闹市头边过，
> 到处文明贺圣朝。”

在政治舞台上，这也许是最高的成就了。但在精神的层次上，这还只是一个开始。

2. **奉：**

学生必须全心全意地集中于禅思，并接受严厉的训练。以前的热情只是浮光掠影，现在却炬火内燃，渐达炉火纯青之境。洞山曾作偈说：

> “净洗浓妆为阿谁，
> 子规声里劝人归。
> 百花落尽啼无尽，
> 更向乱峰深处啼。”

这首偈子需要略为注解。在第一句中，我们可以看出这位学生已开始毕生的探索，他已洗尽了一切粉饰，可是这样做究竟为了谁呢？这答案是在第二句中，不是禅师逼他这样做，而是一种奇妙的声音催他回去。这声音是用杜鹃的啼声来象征，因为在中国诗话里，认为杜鹃的声音是“子归！子归！”可以唤起游子的思乡之情。但这位学生听到的又是谁的声音呢？也许是他的兄弟、姊妹、爱人、朋友或双亲的声音。总之是和他非常亲近，而无私心者的声音，是提醒他不要再做这种无目的的浪游。这声音不是冷酷的，而是像夏天的习习凉风那样温柔，温柔得令人软绵绵地无法抗拒。但究竟是谁的声音呢？

在这个阶段中，学生关心的是所传来的信息，而不是发信息的是谁。他仍然是在“信位”，尚未进入“人位”。这个信息是要他回家，但和尚却是出家人。是否杜鹃的啼声，要他回到离弃了的家中？当然这是不可能的。那么，究竟要他回到什么家呢？是要他回到内心的家，这种反观是内在生活的开始。

最后两句是说，经验丰富的老师将会告诉学生，他不是唯一需要回家的游子，即使精神生活发展到最高的境界，仍然还是在回家的路上。这种说法使学生不致犹疑，因为那将使他们了解在回家途中，不是他孤独的一人，而是有很多好的行伴。

3. 功：

这一阶段是宁静的，快乐的。宁静是由自己努力得来的，而快乐却是意外的收获，洞山曾有偈说：

“枯木花开劫外春，
倒骑玉象趁麒麟。
而今高隐千峰外，
月皎风清好日辰。”

这风景是多么美丽，多么安静啊！笔者的任何注解都会玷污了它。不过只有第二句需要略作说明。所谓玉象是象征道的作用，麒麟是指最终目标的道。现在，求道的人已进入了完全被动的途径，任“道”带着他去。所谓“倒骑”是说像赤子般真诚地信托母亲，这完全是一种被动的精神，这样才是“无为而无不为”。

4. **共功：**

前面的阶段是枯木开花，是高隐千峰外，而这一阶段却是清泉流满了三界，正如洞山的偈子：

“众生诸佛不相侵，
山自高兮水自深。
万别千差明底事，
鹧鸪啼处百花新。”

这首偈子可以说是《庄子·齐物论》的一个缩影。有一次洞山曾说：

“唯有体验到超佛之事的人，才能和他谈谈。”

当时有和尚问：

“什么是超佛之人？”

洞山回答：

“非佛。”

在这个超佛之人眼中，佛和众生都没有什么大差别，这是该偈第一句的意思。在第二句中，关键在于这个“自”字，山高水深，“干卿底事”，你无须去过问它们的存在，也无权去判断它们，或者去区分它们。你凭什么去非难别人的奴仆？你有什么资格把主当作客来批评。要知道“己所不欲，勿施于人”。

由于你已泯灭了分别意识，你便会像鹧鸪一样“啼处百花新”。

5. **功功：**

在第三个阶段中，你是单独的“功”，在第四个阶段中，你是与万物“共功”。但洞山的精神却并不止于此。他像一只清晨的云雀，一直向上飞翔，直到它不能再飞。他这种经验也不是肯定的：

> “头角才生已不堪，
> 拟心求佛好羞惭。
> 迢迢空劫无人识，
> 肯向南询五十三。”

当他好不容易刚露了头角，有点自得时，却立刻感觉到羞惭，这似乎是很苦闷的事啊！不过这种苦闷接着便很快地被消解了。因为我们虽不能真正认识自己，但空劫以来，也没有人认识他自己。其实那个自己不是我们知识的对象，不是让我们去知的，因为他就是我们自己。

洞山把这首偈语当作精神修养的极峰，正说明了他和罗汉桂琛的“不知最亲切”是同一见地。

在这里，我们要一提默灯对庄子思想的一段描写：

> “庄子把生命看作一个神秘的整体，它的神秘不是用明确的原理所能把握的，不是用逻辑的辩证所能了解的，也不是用社会的习俗和人品德行所能充实的。他要追求那个不能表达的，但却是活泼泼的，就是那不可名的道。”

由于洞山属于石头的法统，而石头和庄子思想有密切的关系，因此默灯描写庄子的话，也是非常适合于洞山的。

洞山的最终理想，甚至于要超越了悟，正如他说：

“天真而妙，不属迷悟。”

它是超越了任何两边之见的，如主和客，本体和现象，默和言，肯定和否定，为和无为，敏和渐，动和静，内和外。从下面一句话中，可以看出他思想的精妙，他说：

“真常流注。”

他很多精妙的思想都是在他写给曹山的长偈中。不过这些都是思解的，而不是实证的。因为它们都是观念化的，而不是像他悟道偈那样的属于心的证悟。他给曹山的偈子中，写得最精彩的是后面两句：

“潜行密用，

如愚如鲁。”

在这里，可以看出洞山是怎样一位敏捷、老练的导师了！在他的血液中流动着的，不仅是老子的深邃悟力，而且是老子的老练圆滑。

从表面上看，洞山反复强调精神生活的五个阶段，和他的祖师青原的“不落阶级”是背道而驰的。但我们要了解，到了洞山手上，它们才被公开当作一种方便说法。只要把它们看作一种权宜的方法，它们也自有其重要的地位。否则，把它们误作基本的原理，自然会变成一种棘手的障碍了。

洞山之所以成为伟大的老师，特别是在于他知道学生的需要，他终其一生都是一位毫无私心的老师，在他临终前的一幕更是非常动人。那是在公元869年的春天，他病倒了。有个和尚问他：

“师父有病的体是否还有不病的体呢？”

洞山回答：

“有。”

对方又问：

“不病的体，是否看得见师父呢？”

洞山回答：

“是我在看他。”

对方又问：

“不知师父怎样看他？”

洞山回答：

“当我看时，看不到有病。”

这种把不病看作真我，正是禅的方法。换种说法，只有化身会生病，法身却是永远健康、圆满、不生、不死的。

当洞山感觉到要死时，他便洗脸沐浴，穿上长袍，敲钟向大家辞别，然后端坐着不再呼吸。大家看到这情形，都如丧考妣似的大哭，突然洞山张开了眼，对哭泣的和尚说：

“出家人要能心不染着于物，才是真正的修行，劳生息死，是人的常情，悲恸又有什么益处呢！”

于是他便叫主事的人办“愚痴斋”。僧徒们知道斋后，便要离别亲爱的老师，都不敢速办。一直拖了七天，才把斋食办好，洞山和他们共吃。餐后，又对他们说：

“清静一点，不要吵我，做一个僧徒，当别人临终时，千万不要喧动。”

于是，他回到方丈室，端坐长逝。最令人难忘的是他一直到临终仍然保持着那种特立独行而又平实质朴的精神。

第十一章
临济宗的祖师——临济义玄

对于这一片杀声，无须惊悸。

临济只是认为要证道和了悟自性，

便应把挡在路上的任何东西，都无情地丢在一边。

对他来说，生命的问题不是“是”，便是“非”。

只有当一个人真正地自由，心不附物，才能证入无极。

所以他的破坏偶像并非反宗教，

而是最真实的宗教精神。

一提到临济义玄，我们便会想到他那彻底、倔强的个性和求道的热情。他是山东曹县人，俗姓邢。我们不知道他生于哪一年，大约 9 世纪初，死于公元 866 年或稍后。

从临济的赋性来看，他是一个地道的北方人。幼年时，便立志出家，虔诚求道。虽然他后来的开悟也是很突然的，但在通向悟道的路上，却是历尽了艰辛。

在他落发受戒时，便已向往禅宗。在 20 岁左右，他到了安徽，投奔在黄檗门下。当时，睦州道明已是僧众的首座。深感临济的性行纯一，早就对他另眼看待，后来发现时机成熟，便问他：

“你来此多久了？”

临济回答：

“三年了。”

睦州又问：

“曾经问过方丈吗？”

临济回答：

“没有，我不知道要问个什么。”

睦州便说：

“你为何不去问他，什么是佛法的大意？”

于是临济依照睦州的指示，去问黄檗。当他还未问完，黄檗拿棒就打。临济只得退了回去，睦州便问他：

“他怎么回答你？”

临济把经过一五一十地告诉睦州，并说他无法了解黄檗莫名其妙的举动。睦州再催他去问。这样临济来回一共问了三次，却挨了三次打。至此临济深感自己无法了解，还不如离开为妙。于是便忍气吞声地去见睦州说：

“以前承蒙你激励我去问佛法，使我屡次吃师父的棒子。自恨前世的障缘未了，不能彻悟玄旨，因此只有离开这里。”

睦州便说：

“在你离开前，应先向师父告辞。”

等临济走后，睦州赶紧抢先跑到黄檗处说：

“问话的那个和尚，虽然年轻，但此人很奇特，请你给他方便指点，将来他一定会变成一棵大树似的，覆荫天下众生。”

过了一会儿，临济便来向黄檗告辞，黄檗说：

“你不必到别处去，只要到高安滩头，去参见大愚，我想他一定会指点你。”

当临济到了大愚那里，大愚问他：

“你从哪里来？”

临济回答：

“从黄檗处来。”

大愚又问：

“黄檗告诉了你一些什么？”

临济回答：

“我三次问他佛法的大意，三次挨打，我不知自己究竟错在哪里。”

大愚说：

“黄檗也真是老婆心切①，为你这样彻底地解除困惑。但你居然

① 像老婆婆那样面对远行的亲辈，不能明说，只能唠叨而又贴心地叮嘱一些琐碎之事，却又热切地期望你能突然明悟——编注

还到我这里来问有无过错。”

听了这话，临济恍然大悟，便说：

“原来黄檗的佛法就只有这么一点！”

大愚一把抓住临济说：

“你这个尿床的小鬼，刚才还来问你自己有无过错，现在却说黄檗的佛法就只有这么一点。你究竟看到了些什么，快说！快说！”

临济不答，却在大愚肋下筑了三拳，大愚把他推开说：

“你的老师是黄檗，与我何关！”

临济离开大愚后，便再回到黄檗处。黄檗看他回来，就说：

“这家伙，来来去去，没有一个了期。”

临济便说：

“只因为老婆心切。”

于是把自己的经过和大愚的话全盘告诉了黄檗，黄檗骂道：

“大愚这个老家伙真是多嘴，等他来时，我要痛打他一顿。”

临济接着说：

“还等什么，现在就打！”

于是便给了黄檗一掌，黄檗大叫：

“你这个疯子，居然敢来这里捋虎须。”

临济便喝。黄檗就叫人带他回堂去。

某天，他们正要去田间工作，黄檗拿了一把锹，看见临济空手跟在后面，便问：

“你的锹在哪里？”

临济回答：

“有人带走了。”

黄檗便说：

“你走过来，我要和你商量一些事。”

临济走向前去，黄檗把锹竖在地上说：

“就是这个，世上没有人竖得起。”

显然，黄檗以锹来暗示禅的传灯。临济立刻领悟黄檗的意思，便把锹夺过来，竖在地上说：

“为什么却在我的手里呢？”

这也是象征地说，掌法之权已落在他的手中。于是黄檗便退回去对大家说：

“今天已有人带你们去工作。”

这是说他已发现临济能够代他的地位，他可以安心地退休了。

又有一次到田间工作，临济正在掘地，看见黄檗走过来，便站起来，靠在锹上。黄檗有意要考验临济，而说：

“这家伙大概累了。”

临济却说：

“我连锹都未曾举过，又怎么会累呢？”

黄檗举棒要打，临济接住棒的一端，往回一送，把黄檗摔倒在地上。黄檗便叫在旁的和尚扶他起来，那和尚说：

“师父怎么容这疯子如此无礼呢！”

黄檗起来后，便打那个和尚。这时，临济一边继续掘地，一边说：

“诸方火葬，我这里活埋。”

这是多大的口气啊！好像幼狮的第一声怒吼。他说这话的意思是指那个旧的、尘俗的我，现在已经死了，被活埋掉。只有这个真我是永远地活着。我们在躯壳未消灭前，就应死去，唯有这样死去，才能变成一个不生不死的真我。

从这时起，黄檗才确认临济已彻底悟道，便决定把禅灯传给他。临济继续留在黄檗门下很久，直到他做了河北临济寺的住持。最有趣的是看到这两位师徒像两个拳击家搏斗一样互相考验，互相竞智。某天，在僧堂内小睡，黄檗进来看见他在睡，便用棒敲椅子一下，临济开眼一看是黄檗，便又闭目入睡，黄檗再打椅子一下，就离开。

走到前面的僧堂，看见该庙的首座正在坐禅，便说：

“下间僧堂内的那个小伙子正在坐禅，而你在这里乱想个什么？”

首座回答：

“啊！你这老家伙，在干什么呢！”

黄檗也打一下椅子，走了出去。他这种做法是多么奇特啊！他把睡当作坐禅，而把坐禅当作胡思乱想。

另外一次，黄檗看见临济正在栽松树，便问：

“在深山里栽那么多松树做什么？”

临济回答：

“一是它们可以为山门增加美丽的景致；二是它们可以被后人当作标榜。”

说完了，便用锹在地上戳了三下，黄檗便说：

“虽然如此，你已经吃了我的三十棒。”

临济又戳地三下，并长嘘一声，黄檗便说：

“我们的禅宗到了你手上，将会大行于世了。”

临济在度夏假度了一半的时候，跑到黄檗山，看见黄檗正在读经，便说：

“我以为是哪个人，却原来是蒙了眼的老和尚。”

在那里住了几天后，便要再回去度假，黄檗对他说：

“你既然半夏才来，为什么不终夏再回去呢？”

临济回答：

“我来这里只是向你做一个短期的参拜罢了。”

黄檗听了，举手便打，把他赶了出去。临济走了好几里路，心中觉得这样匆匆地走掉，不太好，于是又回去度夏。后来，当他辞别时，黄檗问：

“你准备去哪里？”

临济回答：

“不是去河南，便是回河北。”

黄檗举棒要打，临济立刻接住，并反打黄檗一掌。黄檗被打得大笑，同时吩咐侍者去拿百丈先师的禅板和几案来，显然他的意思是要把这些传给临济。可是临济却对侍者说：

“请拿火来。”

黄檗叫道：

“不必了。我只是要你带这些去，以后可以坐断天下人的舌头。”

临济开悟之前，我们都已看过，他是非常拘谨和虔诚的，可是在他开悟之后，却是一个极端破坏偶像的人。有一天，他去拜访达摩的纪念塔，塔主问他：

“你是先拜佛，还是先拜祖呢？”

他回答：

“佛和祖，我都不拜。”

这话使塔主大为惊奇而问：

“佛和祖，跟你究竟有什么冤仇啊！”

临济拂袖而去。

这种态度并不是一时的意气，而是由于他内心有坚定的信念。例如他说：

“道流，出家儿且要学道。只如山僧往日曾向毗尼中留心，亦曾于经论寻讨。后方知是济世药，表显之说，遂乃一时抛却，即访道参禅。后过大善知识，方乃道眼分明，始识得天下老和尚，知其邪正。不是娘生下便会，还得体究炼磨，一朝自省。道流，你欲得如法见解，但莫受人惑。向里向外逢着便杀，逢佛杀佛，逢祖杀祖，逢罗汉杀罗汉，逢父母杀父母，逢亲眷杀亲眷，始得解脱，不与物拘，透脱自在。”

对于这一片杀声，无须惊悸。临济只是认为要证道和了悟自性，便应把挡在路上的任何东西，都无情地丢在一边。对他来说，生命的问题不是“是”，便是“非”。只有当一个人真正地自由，心不附物，才能证入无极。所以他的破坏偶像并非反宗教，而是最真实的宗教精神。

临济思想的重心在于“无位真人”。他不厌其烦地强调我们要信赖自己，但这个自己不是短暂的个体和形相，而是不生不死、超越时空、和道合一的真我。一个人如果只知有短暂的形体的我，他便是一个奴隶。一旦觉悟到他心中的真人，他便直证真我，而能逍遥自在。

在某一次法会中，他对大家说：

“你们的赤肉团里，有一个无位真人，常从你们的门面前出入，你们尚没有体验到的人，试看看。”

这时，有个和尚出来问：

“什么是无位真人？”

临济立刻从禅床上跳下来，抓住那个和尚说：

“你说，说！”

当那个和尚正想开口时，临济便把他推开说：

“这样一个干屎橛是无位真人?!”

说完后，便回到自己房内。

这段故事的意思是非常明白的。当那个和尚问的时候，是把无位真人看作什么奇异之人，而根本没有想到他的真我。实际上，一个人如果以假我为我，便等于使自己沦为奴隶，使自己像干屎橛一样没有生命，没有价值。

临济的“真人”和爱默森（Emerson）的“最根本的自我”极为相似。爱默森像临济一样，鼓吹自恃和自信，并强调这个自恃、自信的自我，不是形体的我，而是根本的我。现在我们将引证爱默森的《论自恃》，也许自恃两字过于耳熟，反而使我们忽略了它的真正光彩，但笔者希望能透过禅的新看法，使它的光芒常新。爱默森说：

“在我们研究了自信的理由后，便可以解释为什么由个人原始行动会引发了这种磁性的吸力。但什么才是可以作为普通信赖基础的最根本的自我呢？这是一颗没有视差、不能计量而使科学受挫的星辰，它美丽的光芒照透了繁杂不净的行为。如果它没有一点独特之处，试问它的本性和力量又会是什么呢？这问题使我们归根究底地去探索那种被称为自发或本性的天赋、道德和生命的本质。我们称这种根本之智为直觉，称学习得来的为教授。那个分析所不能及的最后力量就是万物的共同根源，在平静时从灵魂深处，我们不知如何地透出了那种存在感，它是和万物、时空、人类一体共存的，显然，它就是和生命及一切存在同一根源的。”

以笔者看来，所谓“最根本的自我”“没有视差、不能计量而使科学受挫的星辰”，正是临济的“无位真人”，有时称为“无依道人”或简称为“此人”。他所有的言行，都是直接或间接地指着这颗“没有视差的星辰”，他四季不变地一直等着那“独特之处”，虽然他经常是失望的。他从各方面去寻求“最根本的自我”，耐心地、热切地等待着机会冲破小我的躯壳，解放自己，把自己从无知和贪恋的作茧自缚中解放出来。在临济眼中，那些学生不知自己的本来面目，而宁愿享受奴隶般的舒服，真是可怜可悲！他们不用自己的直观，却宁愿为了无价值的教授而付学费，他们自己心中就有佛母，却要向外去求佛。临济奇怪为什么这些人离开了自己的家，去寻别人的家。在他的粗犷作风后面有一股难以阻抑的慈悲心，这慈悲不是盲目的同情，而是开悟后的正见。在这里，临济的棒和喝，都是从慈悲心中流出来的。

在禅宗里，有一句俗语就是："养子方知父母慈。"这也是临济对老师黄檗的一种感受。有一次，他对僧众说：

"求道的人，不要怕丢掉性命，我二十年前，在先师黄檗处，三度问佛法的大意，三度挨打，我好像被篙枝刺了似的痛心，现在我想再吃一顿棒，可是又有谁能给我呢？"

当时有个和尚出来说：

"我能。"

临济便把棒递给他，他正犹疑着去接，临济举棒就打。这是告诉对方责任是不能逃避的。

临济虽然常用棒，但后人却以他的喝相称，而有"德山棒，临济喝"之说。如果我们看到他用喝的思想，而认为他特别善于用喝，也是不无理由的，他曾把喝的方法加以分类。有一次他对一个和尚说：

"有时一喝如金刚王宝剑，有时一喝如踞地狮子，有时一喝如探竿影草，有时一喝不作一喝用。"

做完这些分类后，他问那和尚：

"你了解吗？"

当那和尚正在犹豫着要回答时，临济便喝。笔者以为这一喝是属于第一类，因为这像金刚王的剑一样，要斩断那个和尚的思想之流。

但当一位老师特别喜欢用某种方法时，这种方法便会形式化，使学生只知依赖，只知模仿。因此临济的学生也只知学着喝，而并不知喝的作用和意思。这情形使临济大为懊恼，深感必须去阻止这种闹声。有一天他对大家说：

“你们总是学我喝，我现在要考问你们，假如有一人从东堂出来，有一人从西堂出来，两人齐喝一声，你们能分得出谁是主，谁是客？如果分不出的话，以后不要再学我喝了。”

其实，喝并不重要，重要的是认清主客本是一体的。谁是主？就是你的真我。正如临济曾对大家说：

“尔若欲得生死去住，脱着自由，即今识取听法底人，无形无相，无根无本，无住处，活泼泼地。应是万种施设，用处只是无处。所以觅着转远，求之转乖，号之为秘密。”

临济一再地强调听法的人是“无依道人”，同时又是“诸佛之母”。他不仅是听者，而且是说者。临济又告诉大家：

“即今目前孤明历历地听者。此人处处不滞，通贯十方，三界自在，入一切境差别，不能回换。一刹那间透入法界，逢佛说佛，逢祖说祖，逢罗汉说罗汉，逢饿鬼说饿鬼，向一切处游履国土，教化众生，未曾离一念，随处清净，光透十方，万法一如。”

假如临济活在今天，他会像默顿一样说：

“如果我们不能跨过彼此之间的鸿沟，即使登陆到月球上去，又有何用呢？”

其实，他所有教学的重心就在于要我们跨越彼此间的鸿沟。因为“无依道人”就是真我。的确，人都有形体，即四大的和合，但在临济眼中，却认为：

“尔只今听法者，不是尔四大，能用尔四大。若能如是见得，便乃去住自由。”

可是我们也不必厌恶形体，因为开悟之人是整体的，并非没有形体的人。他也不须有什么特别的作为，相反，在开悟后，所有平常的行为，都变成真人的作用。因此我们也不要想任何超越之事。临济常引证南泉的“平常心是道”来告诫学生：

“道流，佛法无用功处，只是平常无事，着衣吃饭，屙屎送尿，困来即卧，愚人笑我，智乃知焉。”

又说：

“无事是贵人，但莫造作，只是平常。”

只要我们真正能凸显自己，一切都是独创的，否则如果一味地追求独创，反而失去了独创的精神。

临济深通老庄之道，不论他的信仰如何，至少他的思维形态是道家的。他所谓的“无依”“无求”，正和老子的“无为”相同。他曾说：

“若人求佛，是人失佛；若人求道，是人失道；若人求祖，是人失祖。”

最珍贵之宝，是无依道人，是在你的身中，是你自己。因此向外追求，便会失去了它。同时，正因为它在你身中，你也无须向内寻觅，因为你寻觅的就是寻觅者自己，而不是有一个能让你看到的对象。也就是说你的真我是主体，而不是对象。

关于这种主客的问题，临济有四种方法来对付，即是所谓的四料简：

“有时夺人不夺境，有时夺境不夺人，有时人境两俱夺，有时人境俱不夺。”

这四料简是接引不同阶段中人的四个方法。在第一阶段中的人，他常会以主观的偏见而歪曲了对事物的看法。如果要使他变得较为客观，而不视人如物的话，便必须先破除小我的主观因素。在第二阶段中的人，他的看法比较正常，见山是山，见水是水。但却须提醒他物不离心，客观是不可避免地带有主观因素的。只要他真正悟入主观性，便进入了禅的最初境界，而不再见山是山，见水是水。在第三阶段中，学禅的人已了解即使能够主客相融，也只是经验界，相对界。在这个时机，他必须提升到更高的境界，看出现象世界中的主客都来自同一个源头，就是心。唯有这个心才是绝对的主体。在最后一个阶段中，他由于前面那种精密的训练，使他完全和真我合一。这时，他能够自由地回到现象界，再见山是山，见水是水。此时，他所见的，是由心物交织成的锦绣山河，这叫作再造的乾坤，和以前所看到的那个赤裸的世界完全不同。

只有这最后的境界才能称为“无依道人”或“无位真人”，他到任何地方都不会离开了家。临济正像庄子一样，认为真人是“入火不烧，入水不溺”的。显然庄子和临济所说的都不是指人的形体，而是人的真我，而是不属于无常世界的不朽精神。临济曾描写这种精神：

> “展则弥纶法界，收则丝发不立，历历孤明。未曾欠少。眼不见，耳不闻，唤作什么物？古人云：‘说似一物则不中。’你但自家看，更有什么？说亦无尽。”

在这里，可见真我正像道一样是不能用语言表达的。

临济和老庄有那么多相同之处，这并不至于降低他的独创性。最重要的不在他是否最先有这种悟解，而是这种见解是否是真的觉悟。以我的看法，临济在所有求道的人中，是最具有独创性的，句句话都来自他的肺腑，都像从喷泉中很自然地喷出。他非常博学，不仅精通佛典，而且也深通道书。尤其能把所学的消化成为自己最有生命力的思想。下面所引证的一段文字，是他整个思想的缩影。在其中，我们不仅可以看出道家和佛家思想的线索，而且更感触到整段文字所表现的是一种崭新的看法。这段文字是：

“真学道人，并不取佛，不取菩萨罗汉，不取三界殊胜。迥然独脱，不与物拘。乾坤倒覆，我更不疑。十方诸佛现前，无一念心喜；三途地狱顿现，无一念心怖。缘何如此？我见诸佛空相，变即有，不变即无。三界唯心，万法唯识。所以梦幻空华，何劳把捉。唯有道流目前现今听法底人，入火不烧，入水不溺，入三途地狱如游园观，入饿鬼畜生而不受报。缘何如此？无嫌底法。你若爱圣憎凡，生死海里沉浮。烦恼由心故有，无心烦恼何拘。不劳分别取相，自然得道须臾。”

从上面的这段话中，我们可以看出铃木大拙所谓“禅是中国佛家把道思想嫁接在印度思想上所产生的一个流派”是非常正确的了。事实上，禅是儒、道、佛三家的综合，应用于我们的日常生活之中。铃木大拙更进一步，一方面强调庄子智慧和禅宗精神之间的密切关系，一方面认为禅宗的最大贡献是发挥了道和禅所共有的那种根本的悟力。正如他所说：

“禅的最显明的物质在于强调内心的自证。这种自证，

和庄子的‘心斋’‘坐忘’‘朝彻’是如出一辙的。只不过在庄子来说这境界是天机自发的，而在禅宗，却是一种最基本的训练。今天日本的禅就是循着这方面发展的。”

临济最重要之处是在于他富有机智，要是没有这种机智，他不可能建立至今仍然生龙活虎般的临济宗。这并不是说他有意去建立临济宗，而是他的善于教导奠定了临济宗的基础。

前面我们看过他的“喝”及“四料简”。虽然他轻视机智，但他自己却是极度的机智。也许他是太机智了，才故意要轻视机智的吧！其实悟道后的禅师，可以像“方便智”一样自由运用他的机巧方法和敏锐的分别识而不致被它们所转。但后代不知有多少资质较差的和尚是被它们所转，而不能解脱。例如，他曾说：

“大凡演唱宗乘，一句中须具三玄门，一玄门须具三要，有权有实，有照有用。”临济自己并没有确切地说出什么是三玄门，什么是三要。因此使得后来许多学禅的人都以自己的立场来解释，形成了歧见。直到现在，仍然是个参不破的公案。有的人认为三玄门是：

(1) 体中玄

(2) 句中玄

(3) 玄中玄

三要是：

(1) 真体绝朕

(2) 大用无方

(3) 边中不立

今人陆宽昱居士在他的《禅和禅教》一书中曾说：

“三玄门是指体、所和用。每一玄门有三阶段，即是初、中和末。因此为了得到佛的智慧，学禅的人便必须经过九个阶段，三层玄门。临济曾经通过它们，而把自己所成就的加以分析，即是现在所谓的三玄三要。”

如果这种解释不错的话，那么临济便像把学生当作老鼠，在迷宫中安放了三重门，而在每个门上装了三个秘密的开关。为了走出迷宫，那些可怜的老鼠们必须摸对九个开关。以笔者来看，这并不是临济的本意，也不是禅宗的精神。汾阳善昭的一首偈子说得好：

“三玄三要事难分，
得意忘言道易亲。
一句明明该万象，
重阳九日菊花新。”

我们千万不能忽略临济的根本精神是在于他悟到真我就是无位真人。所有机变的方法和推论的公式，都是次要的，都只有暂时的价值。后代学禅的人只注重次要的问题，而忽略了根本的精神，这实在是一大讽刺。这也是后来禅宗之所以不能保持原有的创造力的原因。因为你一旦被公案所困，用你的聪明去解的话，那就像苍蝇被苍蝇纸所黏着一样，永远也得不到解脱。伟大的禅师是用各种不同的公案把你逼到墙角，使你在极度的痛苦之下，也许突然打开了内在之眼，看到你所被困的曲折的迷宫，只是一场噩梦。在你顿悟之时，便立刻消失了。现在先让我们看看南泉的一段逸事。

有一次，陆亘大夫问南泉：

“古代有一个人在瓶中养了一只小鹅，鹅渐渐长大，出不了瓶。现在不能把瓶打破，也不能损伤鹅，请问你用什么办法使它出来？”

南泉叫道：

“大夫。”

陆亘回答：

“是。”

南泉便说：

“出来了。”

这时陆亘才悟到了自己的真性。

也许有人奇怪临济自己对“三玄门”和“三要”的那种博杂的注解和冗长的思辨会有什么感想。笔者以为如临济闭口不说，或像南泉一样把鹅喝出瓶外，也是很自然的，毫不足奇。

临济曾对僧众说：

> “道流，莫将佛为究竟，我见犹如厕孔。菩萨罗汉尽是枷锁缚人底物……大众莫错。我且不取尔解经论，我亦不取你国王大臣，我亦不取你辨似悬河，我亦不取你聪明智慧，唯要你真正见解。道流，设解得百本经论，不如一个无事底阿师。”

由此可见三玄三要也不过是厕孔而已。

第十二章

云门宗的祖师——云门文偃

临济只是杀掉那些他所遇到的人，

而云门却要屠尽天下苍生。

甚至在他们未生前，便要消灭干净。

在他眼中，“无位真人”只是月的影子，

已不值得去杀了。

云门很少用喝，用棒。

他像一位魔术师，是用咒语去杀人的。

他的舌头是出奇的毒辣，

尤其他是一位口才非常好的禅师。

禅师也像普通人一样可以分成两类，有些人是温吞吞的，有些人是非常急躁的。在五宗的祖师里，沩山、洞山和法眼是比较慢条斯理的，而临济和云门却是非常激烈急切的，其中临济比较激烈，云门比较急切。临济的方法像闪电攻击，他的一喝有如炮火的凶猛，无坚不摧，有如雄狮的怒吼，使万兽慑服。没有人碰到他，而不被他所砍的。假如他要攻击的话，是不放过任何一个人，哪管你是佛，菩萨或祖师。只要你有名，有位，他便派了“无位真人”立刻把你杀掉，可见临济是多么的可怕啊！但最可怕的还是云门！

临济只是杀掉那些他所遇到的人，而云门却要屠尽天下苍生。甚至在他们未生前，便要消灭干净。在他眼中，“无位真人”只是月的影子，已不值得去杀了。云门很少用喝，用棒。他像一位魔术师，是用咒语去杀人的。他的舌头是出奇的毒辣，尤其他是一位口才非常好的禅师。

云门是一位彻底的破坏偶像者，有一次说法时，他提到释迦牟尼初生时，一手指天，一手指地，绕行七步，环顾四方而说：“天上天下，唯我独尊。”接着他对大家说：

“我当时如果在场看到，一棒便把他打死，拿来喂狗吃，以图天下太平。”

他不喜欢维摩诘居士，有一天，他敲着鼓说：

“维摩的妙喜世界，都是一堆破烂，现在他手中拿着碗，正要到河南来讨点粥吃。”

云门好像对任何人都不尊敬，他有一次对僧众说：

“俗子还说‘朝闻道，夕死可矣’，何况我们沙门，整天做些什么事，实在应该要大大努力啊！”

谁都知道他所引的话是孔子说的，但他却不举其名，而且直呼俗子。

云门对自己也是一样的无礼，例如他对僧众说：

“即使我能用一句话使你们顿悟，那也只是把粪撒在你们头上罢了。”

这也就是说即使禅师已尽其所能，即使他的话已引导了学生的开悟，但那终究是一种手段而已。在云门眼中，任何的言语，尽管世俗认为是非常有价值的，但与根本的常道仍然是隔靴搔痒的。他似乎极受老子“道可道，非常道”的影响。但他既然醉心常道，又何须说那么多废话？因此每次说法时，他都感觉很遗憾，例如他第一次在灵树地方做方丈时曾说：

“不要以为今天我在欺骗你们，实在是不得已，说了这些话，使你们心中更加混乱。如果被明眼的人看见，便会把我当作笑柄了，但现在我却是不得已啊！”

这是云门的一个极大矛盾，他一方面具有特别好的口才，一方面却反对言语，好像每一个字都渎犯了神圣的、不可言的道。为了这点，他的心中是多么的不安啊！幸好他用另一个矛盾来解决了这种不安。他曾说：

“如果是得道的人，火不能烧，终日说话，却不曾动过唇齿，不曾说过一字，终日穿衣吃饭，却不会触着一粒米，挂上一缕丝。”

敏锐的心使他极为烦恼。他对心中的每一念头都很敏感，他的自知使他善于知人。也就由于这种敏感，使他能锐利地看透精神生命的玄秘，例如他说：

“人人尽有光明在，看时不见暗昏昏。”

这无疑是一种极深刻的悟解。

云门知道他的路子比较狭窄，他要追求更高的机智，他这一宗的特质是被公认为孤危险峻的。他自己曾写了一首诗描写其禅风：

“云门耸峻白云低，水急游鱼不敢栖。

入户已知来见解，何烦再举轹中泥。”

这就是他的风格，现在我们就要勇敢地去窥探一下他的生活思想。据说有一天他把手放入木狮子的口中而大叫：

“救命！我被咬死了！”

现在我们也要把手放入云门的口中，不用担心，即使我们会遭遇到像被狮子咬般的可怖，但也会像云门一样安然无恙。

云门文偃是浙江嘉兴人，俗姓张，也许他的家境非常穷困，从小便被父母送到空王寺去跟志澄律师出家。他资质聪敏，特别善于言辞。后来他正式落发，跟随志澄律师好几年，这时他特别精于律藏。但这并不能满足他的深切需要，他觉得这样并不能悟见他的自性。因此便去参拜黄檗的学生睦州，要求指示。当睦州一看到他，便把门关起来，他在外面敲门，睦州在里面问：

“你是谁？”

他说出了姓名，睦州又问：

“你来做什么？”

他回答：

“我尚未悟见自性，此来是为了乞求指示。”

睦州打开门，一看到他，立刻又关了起来。接着两天来，云门一再敲门，也是同样被拒，到了第三天，当睦州一开门时，云门便挤了进去，睦州抓住他叫道：

“快说！说！”

云门正想着要开口时，睦州便把他推开说：

“你是秦朝的辘轹钻啊！”

于是很快关上门，压伤了云门的脚。至此他才开始悟道。后来经睦州的介绍，去参拜雪峰。

当他到了雪峰山下的村庄时，遇到一个和尚，他向那和尚说：

“请问你是否上山去？”

对方回答是。于是他便说：

“请你为我带几句话给雪峰，不过你不要说出是别人告诉你的。”

对方同意了，他便说：

“你到了庙内，等大家集合，方丈步入法堂时，你便出来拍掌，直站在他面前说：可怜的老家伙，为什么不把颈上所戴的铁枷拿掉。”

那个和尚一一依照云门的指示去做。雪峰知道不是那个和尚自己的话，便跑过去抓住那和尚叫道：

“快说！说！”

那和尚不知要说什么，雪峰便把他推开说：

“这些话不是你所说的。”

起先他还是不肯承认，等到雪峰叫侍者拿绳子棒子来时，吓得他只好坦白说：

“那些不是我的话，而是村庄中一个从浙江来的和尚要我说的。”

于是雪峰便对大家说：

“你们都一齐到村庄上去迎接那个可以作为你们五百人导师的和尚回来。”

第二天，云门到了庙里，雪峰一看到他便说：

“你来这里为了什么？”

云门低头不语。从这一刻起，他们两心互相契合。云门在雪峰处住了好几年，由于雪峰的指导，他深得玄旨，也承受了禅的心印。

接着云门旅游各地，去参禅问道。最后到了灵树所住之地，那时灵树知圣在当地做了二十年的方丈，颇有神通，曾把首座之位空出来，对僧徒说不久会有人来当他们的首座。某天，他预知云门将来，便叫和尚们敲钟，到大门外迎接，当他们出去一看，来的正是云门。

在灵树逝世后，云门奉广主之命做了方丈，在接任的第一天，广主便来说：

“请你给我指示。”

云门回答：

“眼前没有别的路。”

云门的意思是只有一条路，不是很多的路。但他心中的一条路又是怎样的路呢？要回答这个问题，便触及了云门整个哲学的重心。

有一次，云门引证马祖的话“一切语言，是提婆宗，以这个为主”，而说：

“说得对极了，只是没有人问我！”

当时一个和尚便出来问：

“什么是提婆宗？”

云门怒道：

“在印度有九十六个宗，你是属于最低的一宗。”

马祖那句话最重要的一点是“这个”，所谓提婆宗只是掩饰的窗帘而已。即使马祖说其他的各宗，对于该句话的真意也并没有任何改变。可是那个笨和尚只看到皮毛，而不见其血脉。云门的见解正像马祖一样，只重视“这个”，也即是每个人的自性。只有这个目标，而没有其他的路，因为没有路可以从外面通向我们的自性。

这个自性是一切具足，没有欠缺的。云门一再地问僧徒“你们有欠缺吗”，一再地提醒他们只有一个东西是最根本的，其他的都是无关紧要的，每个人都只有靠自己，没有人能够取代他的位置。他所有的说法都像一个哑巴似的要把心中的想法暗示出来，下面的一段话可以作为代表：

> “我事不获已，向你诸人道，直下无事，早是相埋没了也。更欲踏步向前，寻言逐句，求觅解会。千差万别，广设问难。赢得一场口滑，去道转远，有什么休歇时？此事若在言语上，三乘十二分教，岂是无言语？因什么更道教外别传？若从学解机智得，只如十地圣人，说法如云如雨，犹被呵责，见性如隔罗谷。以此故知一切有心，天地悬殊。虽然如此，若是得底人，道火何曾烧口，终日说事，未曾挂着唇齿，未尝道着一字。终日着衣吃饭，未尝触着一粒米，挂一缕丝。虽然如此，犹是门庭之说也。须是实得恁么，始得。”

在禅学里，云门以“一字关”闻名，其实这只是他唤醒学生潜能的一种策略，而不是他的基本悟解。有许多禅学者以为他的一字回答是答非所问，认为这是教人崇尚反理则，以笔者看来，这与崇尚理则是一样的错误。云门与其他大禅师一样，是超越了“理则”和“反理则”的，他的回答只是他对问题的自然反应。它们是被问题所引发的，因此对问题来说，它们是问题的反应，自然是有意义的。它们不仅为问题所引发，而且是针对提出问题的人。因为禅师已经从他们的问题中直观到他们的精神境界和需要。因此假如它们对问题没有任何逻辑上的意义，至少它们对提出问题的人，却有极生动的意义。

在这里，我将列举云门的几则“一字关”，而不做任何的按语，留给读者自己去参：

(1) 问:"如何是正法眼?"

答:"普。"

(2) 问:"如何是啐啄之机?"

答:"响。"

(3) 问:"如何是云门一路?"

答:"亲。"

(4) 问:"杀父杀母向佛前忏悔,杀佛杀祖向什么处忏悔?"

答:"露。"

(5) 问:"如何是道?"

答:"去。"

(6) 问:"先师(灵树)默然处,如何上碑?"

答:"师。"

云门的"一字关"并没有什么特殊的魔术。不论一字也好,几个字也好,都是让你自己去参破。这是他表达不可道之道的唯一方法。

云门的另一个教法是用棒去直指"这个",即是和绝对合一的真我。当我们看到云门像魔术师一样挥着棒子时,要牢记住这点。现在让笔者举几个例子看看。有一天,云门在僧众面前掉落棒子而说:

"这根棒子已化为龙,一口吞下了整个宇宙。请问山河大地从哪里来?"

有一次,他举棒喝着:

"啊!你瞧,老释迦已来了!"

又有一次,他突然问听众:

"你们要认识祖师吗?"

接着用棒指着他们说:

"祖师在你们的头上跳。你们要认识祖师的眼睛吗?就在你们

的脚下。”

有一次，他问一个和尚：

“古人举起或放下拂尘是代表什么意思？”

对方回答：

“在举起之前，放下之后，去表示自性。”

这话赢得了云门的衷心赞美，他很少有如此赞美过一个人的。

有时他不用棒子，去直指自性。正如他说：

“一切微尘诸物都在你的舌头上，所有三藏圣教都在你的脚跟下。”

在云门的眼中，这种悟解也只是进入自性的一个途径。这个自性是超越了时空的，它是不拘于任何地方，却又是无所不在的。因此只在你内心的深处去寻求自性，也是永远得不到的。在这一点上，云门和他同时的曹山也是看法一致的。他有一次问曹山：

“要如何亲近这个人？”

曹山回答：

“不要从最秘密处去亲近。”

云门又问：

“如果我们已做到了这点，又怎样呢？”

曹山回答：

“这就是真的亲近。”

云门叫道：

“对极了！对极了！”

云门是否受了曹山的影响，这并不重要，重要的是他的悟解已超越了神秘和公开，内在与外在。他在任何事物、任何地方上都看到了绝对。有一次他引证了僧肇的两句话：

“中有一宝，秘在形山。”

接着说：

“它带了一只灯笼进入佛殿，把庙的三个入口放在灯笼上，请问怎么办?”

听众没有回答，他便自答：

“逐物意移。”

过了一会又说：

“云起雷兴。”

有一颗看不见的宝珠藏在现象世界中，这一点是比较容易了解的，可是为什么这颗珠宝带了灯笼到佛殿内，而把庙的三个入口放在灯笼上呢?他举出这种现象界的荒唐，很显然是要把听众的心带入超越的绝对境界。

他对自己所提出那个问题的两个答案，是引出了绝对的另一面，即是绝对如何作用于现象界。灯笼象征了禅的精神。三个入口也许代表三乘。把三入口放在灯笼上，正如六祖所说的使三乘归于一乘。首先，这三乘都是分别适合每个人的需要，而一乘则适合于悟道者的需要。云门所谓的绝对是要“逐物意移”，完全顺应万物，而其作用是自发的，正像自然界的“云起雷兴”。

在这里，便把我们引到了“云门三句”。虽然这三句是由云门的学生德山缘密（知名于10世纪末），最先把它们连在一起的，但其观念早已存在于云门的言教中。这三句是：

（1）涵盖乾坤

（2）截断众流

（3）随波逐浪

这三句根本上都是属于绝对的。以笔者看来，它们是表现出一套辩证历程的三个方面。就其普遍性来说，是无所不在，涵盖了整个宇宙的；就其超越性来说，是截断众流，超越了宇宙，不是我们所能窥破、触及的；就其对这个世界的作用来说，是与世俗相处，随波逐浪的。

在云门的言教中，我们很容易找到有关这三句的证明。例如他引证雪峰的话：

“三世诸佛向火焰上转大法轮。”

接着他解释说：

“火焰为三世诸佛说法，三世诸佛都站在地上听。”

他看出绝对是在火中，沙粒中，甚至最小的微尘中；是最近的，也是最远的，在自己身中，也在北斗之上。这印证了他所谓的“涵盖乾坤”。

有一次他被邀请到朝廷上吃素斋。一位官员问他：

“灵树的果子熟了没有？”

他回答：

“请问灵树上的果子，又有哪一年是不熟的？”

这回答非常风趣，巧妙。但这是否已答复了对方的问题呢？显然，对方是希望知道在他做方丈任内，是否有开悟的弟子！他不直接回答这个问题，而是以灵树的果子为跳板，从时间之流跳入了永恒，而直指常道或“这个”。仅仅在时间中，才有所谓进度、生长、成熟和衰亡。这些在绝对中，都是根本不存在的。云门此处所用的方法就是把问话者的心从现象界提升到超现象界，显然这正是所谓的“截断众流”。

又有一次，有个和尚问他：

“在我们度了夏假之后，假如别人问我前途展望如何，我该要怎样回答？”

云门说：

“大众退后。”

他不提到现象界的努力前进，却要回到那个没有进步的地方，在那里正是“清波无透路”的。

云门似乎是特别善于运用绝对的超越一面。

某次有人问他：

“树凋叶落时怎么办？”

他的回答不仅漂亮，而且意味深长，他说：

“体露金风。”

这句话有双重的意思，以自然面来说，当然这是指秋天树干已剥落得光秃秃的，以精神面来说，这是指法身或真我已剩下纯粹的本质——永恒不变的存在。这句话像水晶一样明亮，像秋天的晴空一样，万里无云，使我们的心进入了无穷的碧空。

如果把这些玲珑剔透得有如珠玉的句子和洞山的“枯木花开劫外春”相比，则更为相映成趣。试看它们所表现的又是如何不同的景象啊！在洞山的句子中，我们看到了春日那种熏人的温暖，而云门的句子中却透出了深秋月夜的清凉和明朗。但他们两人都是精神上的巨人，都超出了任何轨道的限制。因为“天”好像一所有很多公寓的大厦，可以容纳各种不同的典型。

禅学各宗所共有的一个特点就是在精神生活上，你永远无法直达最高峰。即使你爬到了山顶，仍然还要再上一层，也就是再回返平地。即使你达到了彼岸，仍然要回到这个世界来过着凡人的生活，然后再向前去。你必须在和“天地精神往来”之后，又回到人间，与世俗相处，你必须在“截断众流”之后，又能“随波逐浪”。

云门惊人之处就在于他一面像火箭似的干云直上，可是当他下来时，却要随着生活上一切的波浪、潮水、暗流、旋涡浮游，因为这正是道在俗世的作用。

有人问他：

“什么是道？”

他回答：

“去。”

这个“去”字，是如此的意味深长，使他不至于局限在自己的主观意识上。如果以云门所有的言教看来，它的意思可以说是："自由无碍地去做适合你的任何事吧！不要依赖特殊的方法，不要考虑到后果，继续地去做吧！"

他坚信：

"真空不坏有，真空不异色。"

他鼓励他的在家弟子说：在家和出家对于见性一点并没有任何不同，他并引证《法华经》说：

"经中道，一切治生产业，皆与实相不相违背。"

当然不同的生活，给予他们不同的责任。但每个人都必须脚跟着地，去尽自己的责任。这比那些沉湎于幻想和空洞思维的人要高明多了。对于一个悟道者来说：

"天是天，地是地，山是山，水是水，僧是僧，俗是俗。"

他不赞成浪费时间去追求空洞的认识，因为最重要的是人的自性。

当你一旦见到了自性，你便会超脱了由无知和贪心的小我所形成的一切障碍和恐惧。使你作于快乐，游于快乐，生于快乐，死于快乐。有个和尚问他：

"谁是我自己？"

他回答：

"游山玩水。"

这句话所描写的并不是问话的人，而是云门自己内在的美丽境界。事实上，最能表现他这种境界的乃是：

"日日是好日。"

第十三章
法眼宗的祖师——法眼文益

法眼宗的禅师不像其他各宗，
只要体验到自性，
就可以直证真如，
他们除了不忽略内在的真人外，
更要睁眼去看整个宇宙，
以证入无极的境界。
在他们眼中，
宇宙万物都是绝对，都是自性。

法眼宗的建立者是法眼文益（公元885—958年），这是五宗里最后成立的一宗。虽然它的寿命不长，但影响却非常深远。如果要真正认识它的特质，必须了解它的根本不仅深植于中国的佛学里，而且在整个中国传统的文化里。它是属于慧能大弟子青原的法统，其间有石头、德山、雪峰、玄沙和罗汉桂琛等大禅师。罗汉的弟子就是法眼。

现在先要提一提石头的悟道和僧肇的《肇论》的关系。僧肇是鸠摩罗什的大弟子，深通老庄哲学。他的《肇论》是融和佛道两家思想的结晶。他的整个思想体系是建立在老子《道德经》第一章中所谓的玄同上。同时，他也受到庄子齐物思想的影响而说：

“天地与我同根，万物与我为一。”

当石头读到了《肇论》的：

“会万物为己者，其唯圣人乎！”

不禁抚几而感叹地写下了：

> “圣人无己，靡所不己。法身无象，谁云自他？圆鉴灵照于其间，万象体玄而自现。境智非一，孰云去来？至哉斯语也。”

法眼宗的禅师不像其他各宗，只要体验到自性，就可以直证真如，他们除了不忽略内在的真人外，更要睁眼去看整个宇宙，以证

入无极的境界。在他们眼中，宇宙万物都是绝对，都是自性。本宗的前导玄沙曾有一则逸事，可以证明这种看法。有一天，他准备去和僧众讨论问题，等他走到讲堂上时，听见厅堂外面的燕子在叽叽喳喳地叫着，于是便说：

"它们是多么深刻地了解实相，而善于讲说法要啊！"

接着就走下了讲堂，好像已经说完了法似的。

这种万物能说法的主张，并不是新奇的见解。慧能的弟子慧忠国师对此早就有很好的发挥。某次，有个和尚问他：

"古人曾说：

'青青翠竹，尽是法身；

郁郁黄花，无非般若。'

不信的人认为是邪说，相信的人认为是不可思议。

不知师父的意见如何？"

慧忠回答：

"这是普贤和文殊的境界，不是一般根智较浅的人所能信受的。这几句话与大乘最根本的思想契合，《华严经》中曾说：

'佛身充满于法界，普现一切群生前；

随缘赴感靡不周，而常处此菩提座。'

那么翠竹既然离不了法界，岂不就是法身吗？又《般若经》中曾说：

'色无边，故般若亦无边。'

黄花既然脱不了色相，岂不也就是般若吗？如果连这点深切的意思都不了解，其他的就不用谈了。"

这种差别为法眼宗所调和，而变成了它的主要特色。它不只是注重自性，更要超越了主客，直达玄妙的彼岸。勉强用文字来说明，这个彼岸，就像三界和万物所从出的心。这个心是超越了主客、一多、同异、内外、普遍和特殊、本性和现象的。简言之，它是超越了所有相对性。因此这一宗的方法，自然是采取“否定”和“无知”。

前面我们已介绍了很多有关法眼宗的背景，接着要看看它的建立者及其后继者的思想言教。

法眼文益是浙江余杭人，俗姓鲁。幼时便出家为僧，跟随宁波余杭寺的希觉律师学法。他求知欲很高，不仅努力研读佛经，而且也浸淫于儒学。但由于为内心的神秘感所驱策，使他南到福州去寻求禅师的指点。可是总得不到悟解。某次当他经过地藏院的时候，正好碰到大雪阻途，便停下来休息。正在烤火取暖时，该院的方丈罗汉桂琛便问他：

“你去哪里？”

法眼回答：

“只是行脚罢了。”

罗汉又问：

“什么是行脚？”

法眼回答：

“不知。”

罗汉便富有深意地说：

“不知最亲切。”

雪停了后，法眼便向罗汉告辞，罗汉送他到门口并问：

“你曾说三界唯心，万法唯识，现在请告诉我庭下的那块石头是在心内，还是在心外呢？”

法眼回答：

“在心内。”

罗汉便说：

“你这位行脚之人，为什么要把这样一块大石头放在心中呢？”

这话把法眼说得窘极了，便放下行李，决心留下来，向罗汉讨教疑难。每天他提出新见解时，罗汉都说：

“佛法不是这样的。”

最后，法眼只得对罗汉说：

“我已经词穷理绝了。”

罗汉便说：

“以佛法来论，一切都是现成的。”

听了这话，法眼才恍然大悟。

后来，法眼做了方丈时，常对僧徒说：

“实体本来是现成的，就在你们眼前，可是却被你们变为名相之境，你们要想想怎样才能再转回原来的面目呢？”

虽然法眼非常博学，但他却反对僧徒只知死读书。因为道就在我们的眼前，只要直观便可以证得。思辨和推理都会蒙蔽我们的心眼。

法眼曾引证一位老禅师长庆的一句名偈：

“万象之中独露身。”

接着问长庆的学生子方是否了解，子方只是举起了拂尘，法眼便说：

“你用这种方法怎么了解？”

子方反问：

“那么你的看法呢？”

法眼也反问：

“请问什么是万象？”

子方回答：

“古人不去挑拨万象。”

法眼很快地回答：

“因为已经在万象之中独露了身，还谈什么拨与不拨呢？”

至此，子方才豁然了悟。

某次，有个和尚问：

“要如何披露自己，才能与道相合呢?”

法眼反问：

“你什么时候披露了自己，而与道不相合呢?!”

显然问这话的和尚并没有做到披露自己与道相合，他的问题说明他仍然只是在游戏着道，而不是任道逍遥。法眼尖锐的反驳，点出了他的错误。可是他一直未悟，仍然问：

“当你的六识不能知真理之音时，又怎么办?”

显然他想把责任推给意识，但法眼并不为其蒙蔽而说：

“那些都是你的一群家属罢了。”

这是说不能推卸责任。接着法眼指着他说：

“你曾说六识不能知音，究竟是耳不能知，还是眼不能知? 如果根本上有真理，怎能因六识不知，便说是无? 古人曾说：离声色，着声色；离名字，着名字。”

“所以要修得无想天的境界，须经八万大劫的长时间，可是一旦堕落，仍然会回到原来的无知和迷惑之地。这就是由于不知根本的真理的缘故。”

一旦具有这种真正的悟解，你看万物，不再是用肉眼，而是透过了真如之眼。这叫作法眼，或道眼。某次，他问僧徒们：

“眼沟不通，是因为被沙塞住了，可是道眼不通究竟是被什么塞住了呢?”

僧徒们都无话以对，他便自答：

“只是被眼所阻碍罢了。”

这并不是说我们的肉眼没有用。只要它们不塞住了道眼，却是非常有用的。在法眼的道眼中，只要我们把万物当一种方便或媒介来看，它们也自有其地位和作用，对于根本之真实来说，也自有其相对之真实。他认为菩提并非究竟，也只是为了方便而立的名词。

换句话说在究竟之道上，是无所谓较高的阶段或境界的。某次，有个和尚问：

“什么是最真实之地?”

法眼回答：

“如果是地的话，便没有最真实可言了。”

法眼是彻头彻尾的形上实在论者，也是彻头彻尾的经验实在论者。他的形上实在论是由于他强调根本之道是超越了相对性的。他的经验实在论是在于他以作用论性。例如有人问：

“什么是古佛的心?”

他回答：

“是会流出慈悲喜舍来的。”

有人问：

“什么是真正之道?”

他回答：

“第一希望教你去行，第二也希望教你去行。”

有人问：

“据说十方圣贤都加入此宗，请问什么是此宗?”

他回答：

“十方圣贤都加入的就是此宗。”

虽然法眼非常博学，精通传统的典籍。但他却不是书本知识的奴隶。他认为书本的知识只是我们心灵磨坊所需的谷而已。他常引证古人的话，但由他的口中说出，都变成了他自己的东西。他决不会把手段当作目的，这个目的是把听众引向他们自己，引向那个超越言语观念的常道。随时随地他都指示学生注意“这里”和“现在”。有个学生问他：

“什么是古佛?”

他回答：

“现在就很好嘛!”

这是说根本之道和你之间没有间隔。另一位和尚问他：

“十二时中要怎样修持?”

他回答：

“步步踏实。”

有人问：

“什么是诸佛的玄旨?”

他回答：

“是你也有的。”

又有一次，有个和尚问他：

“我不问你那个指，而是要问真正的月。”

他反问：

“你所不问的那个指，又是指的什么呢?”

这时另一个和尚问：

“我不问月，而是问那个指是什么。”

他回答：

“月。”

对方抗议说：

“我问指，你为什么答月呢?”

他回答：

“就是因为你问指啊!”

换句话说，月像宇宙中的万物，而其所指的乃是最高的玄妙。庄子也曾说过：

“天地一指也。”

法眼在做南京清凉寺的方丈时，曾和南唐主李璟甚善，一天，当他们谈完道后，便一起出去看花，法眼因李璟之请，做了一首诗：

“拥毳对芳丛，由来趣不同。

发从今日白，花是去年红。

艳冶随朝露，馨香逐晚风。

何须待零落，然后始知空。”

在这里，我们可以说法眼不仅是位哲人、学者，而且是位诗人。其中第二句是模仿杜甫的名诗：

“露从今夜白，月是故乡明。”

从技巧上来说，法眼的诗并没什么地方值得推许的。而且我们不禁会奇怪他那阵阵的哀思，似乎失去了像南泉、赵州和云门等人的那种快乐自由的心情。难道花儿真的凋谢了吗？难道玄沙所听到的燕子不再叽叽喳喳地叫了吗？难道马祖看到的一群野鸭真的飞去了吗？难道法眼未曾悟到“日日是好日”？难道他是南泉所谓的梦里看花者吗？

笔者对这些质问的回答是：诗并不能说明他思想的深度，而是他针对这位尊贵的学生所下的一剂对症之药。其实，法眼是以善于接引学生著名的，他正像一位经验丰富的医生，知道针对各种病人而下药。

下面是他另外一首诗，这首诗是为他自己而写的，可以表现出他内在的境界：

“幽鸟语如簧，柳摇金线长。

云归山谷静，风送杏花香。

永日萧然坐，澄心万虑忘。

欲言言不及，林下好商量。”

这首美丽的诗，透出了天机自发的永恒之音，可以使法眼与陶渊明、王维等诗人并驾齐驱。

事实上，法眼是一位神秘论者，不过他的神秘不是在于自然和宇宙的不可知，而是在于其生生不已。虽然他对《华严经》的造诣颇深，尤其精于六相的原理和解释，但他却不认为现象界和实体界是同一的，因为实体是离一切相的。在他眼中，实体是空的，他和学生永明道潜的一段对话中便特别说明了这点。某次他问道潜曾看什么经，道潜告诉他曾看《华严经》，于是他便说：

“总、别、同、异、成、坏等六相，在《华严经》中是属于哪个部门？”

道潜回答：

“是在该经的十地品中，照理说：出世和世间的一切法都具有六相。”

法眼又问：

“空是否还有六相呢？”

这话问得道潜懵然不知所对。接着法眼又说：

“如果你问我这个问题，我会告诉你。”

道潜便依照他的话问：

“空是否也具有六相呢？”

法眼立刻回答：

“是空。”

听了这话，道潜恍然大悟，高兴得不禁雀跃，向法眼行礼道谢。于是法眼又问：

“你是怎样了解的？”

道潜立刻回答：

“空。”

法眼便大为赞许。

后来法眼死后（死于公元958年），李璟曾追谥他为“大法眼禅师”，题他的塔为“无相”。

在法眼的学生中，天台德韶（公元891—972年）最为杰出。在这里，我们无法详细介绍他的言教，只能举出他在通玄峰的庙中做方丈时所写的一首偈子：

“通玄峰顶，不是人间。

心外无法，满目青山。”

据说这首偈子赢得了法眼的赞美。但依笔者看，也许这偈子正答复了法眼的老师罗汉所提出石和心的问题。显然石头绝不会在人的心中或眼中，但也绝不会在人心之外，离开这个世界。

和德韶同样重要的是永明延寿，他是中国有数的佛学作家之一。他是一位极有思索和组织能力的天才，他的《宗镜录》有一百卷，是一部阐发禅理的不朽杰作。事实上，他的思想是折中的，他为了烘托禅理，而从各方面去吸取精华。虽然他的书对于解释一般佛学来说，是非常有价值的，但对于禅宗来说，却有点弄巧成拙。禅宗是以“教外别传”“不立文字”为号召的，可是结果却产生了这样冗长的论说，实在是一大讽刺。虽然，这并不是禅宗的致命伤，但却加速了法眼宗的衰微，这是延寿难辞其咎的。禅的精神是反对系统化和折中主义的，而延寿的做法正好是这两者的代表。其实，延寿是热心于把禅宗和净土宗结合在一起，正如近人所谓把念佛、读经、求签和禅定熔于一炉。但这个悲剧乃是当禅宗和这些修习及仪式结合之后，便失去了它的独立精神，不再是它自己了。不过不可否认的这种结合却使净土宗更有活力。

虽然如此，但我们却不能说延寿没有一点禅味。他的许多对话和诗偈，就显示他具有禅师的特质。读者可以从下面这首偈子中看出：

“欲识永明旨，门前一湖水；
日照光明至，风来波浪起。”

这是多么朴素而动人的画面啊！其中的悟境又是多么的幽深啊！这是静思的时候，也是活跃的时候，但在一切中，又只是一池湖水罢了。

延寿是属于法眼宗的第三代，在他之后，还传了两代。在第三、四代的时候，出现了好几位禅师，法眼宗的精神仍然在他们的血脉中流动。在这里，笔者只能介绍两位。一位是杭州洪寿，他是由于突然听到柴薪落地的声音而悟道的。为此他写了一首偈子，说出了他心中的悟境。而这首偈子也正是法眼宗思想的典型。笔者不准备在此赘述，因为在本章之末引证了朱子（公元1130—1200年）的一段话中，曾提到这首偈子。

另外一位是杭州惟政（公元986—1049年），他是以幽默和自在的人生哲学著名的。实际上他却浸淫于儒家的经典，特别是《论语》一书。孔子曾说：

“礼云礼云，玉帛云乎哉？
乐云乐云，钟鼓云乎哉？”

他曾模仿着说：

“佛乎佛乎，仪相云乎哉？
僧乎僧乎，盛服云乎哉？”

他从来也不谈禅。某次，有人问他：

“你不是禅师吗？可是你却没有谈过禅呢！”

惟政回答：

“为什么要浪费言语呢？我是太懒了，不愿意那种机巧、迂回的方法，只求日夜顺着万象的变化发展。言语是有限的，而我这种应付的方法却是无穷的，因为造物就是无穷的宝藏。”

这是法眼宗的最后遗言了。

法眼宗对中国哲学来说，其重要意义是在所有佛家各宗各派中，特别和儒家声气相投。这无怪乎宋代理学家朱子，虽然对佛家激烈批评，可是却向一位学生大赞法眼宗的思想，下面就是那一段话：

> “因举佛氏之学与吾儒有甚相似处，如云：
>
> ‘有物先天地，无形本寂寥。
> 能为万象主，不逐四时凋。’
>
> 又曰：
>
> ‘朴落非他物，纵横不是尘。
> 山河及大地，全露法王身。’
>
> 又曰：
>
> ‘若人识得心，大地无寸土。’
>
> 看他是什么样见识！今区区小儒，怎生出得他手？宜其为他挥下也。此是法眼禅师下一派宗旨如此。今之禅家皆破其说，以为有理路，落窠臼，有碍正当知见。今之禅家多是‘麻三斤’、‘干屎橛’之说，谓之不落窠臼，不堕理路，妙喜之说，便是如此。然又有翻转不如此说时。”

从这段摘录中，很清楚地看出朱子的求道精神是非常真诚和虚心的，毫无意气的门户之见。在笔者读了这段文字后，觉得有加以解说的必要。朱子所引的第一首偈子是公元6世纪著名的傅大士（公元497—569年）所说的。他那活泼的个性和深刻的言教影响到后来的禅宗，所以他被公认为是禅宗的一位重要的先驱。这首偈子虽然笔者在现存的文学中只看到被引用了一次，但却是法眼宗所常讨论的主题。无疑的，这首偈子所包含的意思构成了法眼宗的骨髓，但当朱子说“与吾儒有甚相似处”，未免下语太匆促，因为以笔者看来，这首偈子根本是道家的灵感。不过，在朱子当时的儒家是早已受到了老庄思想的影响了。

朱子所引的第二首偈子，是前面我们已提到的洪寿的作品。至于第三首偈子，笔者尚不知它的出处。

朱子毫不掩饰地赞赏法眼宗，这说明了他心胸的宽大，也表明了他对后来学者走入狂禅的激烈反感。但假如他能像研究法眼宗态度一样深入其他各宗的传统渊源中，他一定会发现其他各宗也“与吾儒有甚相似处”。其实有时我们对某方面的喜爱都是先天决定了的。这不仅是个人的嗜好如此，而且纯粹的理性探讨也会如此。

第十四章

禅的火花

世界上还有比在永恒的沉寂中
突然爆出的那一声空谷之音
更为优美，
更为扣人心弦的吗？
的确，每天都有创造的曙光，
每天都是独一无二的存在。
一切都是第一次，也都是最后一次。
上帝不是死亡之神，而是生生之神。

（一）时间和永恒

在禅宗的文学里，有两句名诗：

“万古长空，

一朝风月。”

这两句诗，有如一线初升的曙光，射入了我们的心扉，使我们在永恒之流的第一个跃动中，震惊于天地的悠悠，万化的静寂。也就在这一跃动之间，有了形，有了色，有了生命，有了活动，没有人知道一切是如何发生的。这是玄之又玄的问题，能够感触到这个神秘的存在，将会把我们带入一个极度新奇而快乐的世界。

这里有一首日人芭蕉写得最出色的俳句：

“寂寞古池塘，

青蛙跃入水中央，

泼剌一声响。”

古池塘正像“万古长空”般的静寂，青蛙跃入水中央的那一声泼剌，犹如“一朝风月”。世界上还有比在永恒的沉寂中突然爆出的那一声空谷之音更为优美，更为扣人心弦的吗？的确，每天都有创造的曙光，每天都是独一无二的存在。一切都是第一次，也都是最后一次。上帝不是死亡之神，而是生生之神。

（二）一朝风月

善能是南宋的一位禅师，他曾发挥“万古长空，一朝风月”的思想说：

“不可以一朝风月，昧却万古长空；不可以万古长空，不明一朝风月，且道如何是一朝风月？人皆畏炎热，我爱夏日长，薰风自南来，殿阁生微凉，会与不会，切忌承当。”

译者按：这一节承上节的意思，要我们把握现在，体悟当前，别错过宇宙人生中的每一事，每一物。正是所谓一花一世界，一叶一菩提。夜夜是春宵，日日是好日。

（三）祥瑞

处辉真寂禅师刚做方丈时，一位和尚问他：“我听说释迦牟尼说法时，地上开出金色的莲花来。今天是你的就职典礼，有什么祥瑞可见啊？”这位新方丈说：“我只是‘扫却门前雪’罢了。”

译者按：这段故事说明一个真正得道的人，无须涂上任何奇异的色彩。释迦牟尼说法时的金莲，只是宗教上的渲染而已。禅宗却认为这是不必要的，所以他们反对神通，主张“平常心是道”。慧忠国师曾批评西天大耳三藏的他心通。法融禅师未得道前有“百鸟衔花之异”，证道之后却平易如常人。这些都说明了道不远人，在“扫却门前雪”的这一简单平常的行动中，就可证道。

（四）呵呵一笑

白云守端禅师是杨歧的学生，他非常用功，却缺乏幽默感。某次，杨歧问他以前拜谁为师。守端说：“茶陵郁和尚。”杨歧接着说：“我听说郁和尚有一次过桥不慎滑倒，因而大悟，写了一首诗偈，你记得这首偈子吗？”守端回答：“这首偈子是：

我有明珠一颗，

久被尘劳关锁。

今朝尘尽光生，

照破山河万朵。”

杨歧听了之后，便笑着走了。守端因为老师的这一举动，整夜失眠。第二天一早，便去问杨歧为什么听了郁和尚的偈子要发笑。杨歧回答：“昨天你有没有看到那个打要的小丑？”守端说：“看到了。”杨歧又说：“你在某一方面不如那个小丑。”守端问：“老师指的是什么？”杨歧回答：“小丑喜欢别人笑，而你却怕别人笑。”守端因而大悟。

译者按：这段故事的真意是劝人求道切忌拘泥不化，把普通人情之常，看得过于严肃，过于玄妙。杨歧的笑，是因事之可笑而笑，其笑本身并无意义。可是守端过于认真，拼命去研究杨歧为什么而笑，这便有点缘木求鱼了。在禅宗史上，不知有多少的和尚，像守端一样，为了一个毫无意义的举动而失眠整夜。其实，在我们研究禅宗的公案，以及其他历史事迹和学术思想上，也不知有多少的学者，像守端一样，为了一个写错了的字，而挖空心思去替它将错就错地解释。杨岐如果死后有知，真要在地下大笑不已了。

（五）巧解难题

禅师们常常故意用进退两难的方法，把学生们逼得走投无路。如天衣和尚在翠峰明觉门下学道时，明觉曾给他一个难题说：“这个不对，那个不对，这个那个都不对。”当天衣正想要回答时，明觉便用棒把他赶了出去。这样的情形发生了好几次。后来，天衣充水夫，有次扁担一断，把整桶水都打翻了，就在这时，他见到自性，解开了这个难题。

香严智闲禅师有一次也以同样的难题考问僧徒：“求道之事正像一个人用牙齿咬住树枝，高高地悬空吊着。下面有人突然问他：‘什么是祖师西来意？’假如他不答，便是他不知，假如他回答，则一开口便掉下来摔死。请问究竟怎么办？”这时，虎头招上座正好在场，他便站起来说：“我们不必问他在树上怎么办，请你告诉我，他在未爬上树之前，是怎么样的。”智闲听了哈哈大笑。

义端禅师是南泉普愿的大弟子，有一次他对僧徒说：“语是谤，寂是诳，语寂向上有路在。”

法云禅师是云门宗的人物，有一次对僧徒说：“假如你进一步，失道。退一步，失物。不进不退，则像一块石头般的无知。”当时一位和尚问：“如何才不至于无知啊？”法云说：“舍偏除执，尽你的可能去做。”这个和尚又问：“我们如何才能不失道，又不离物？”法云回答：“进一步，同时，又退一步。”

译者按：以上所举的四个公案，虽然巧妙各有不同，但都是用进退两难的问题，逼学生舍执除偏，以达到是非两忘、善恶双离的境界。

第一个公案，说明这个不对那个不对，只有扁担折断，水桶倒翻，一切打破，才是最真的事。第二个公案，问未爬前是什么，也就是要舍弃答与不答，而直证本来面目。第三个公案，是不落于言筌，不耽于寂默，而探取向上一路。第四个公案，是进即退，退即进，双即又双离，以达到绝对圆融的境界。

（六）公开的秘密

黄龙祖心禅师和诗人黄山谷相交甚密，有一天，山谷问黄龙入道的秘密法门。黄龙回答："孔子不是曾说过'二三子以我为隐乎？吾无隐乎尔'吗？你对这些话有什么想法？"当山谷正要回答时，黄龙便插嘴说："不是，不是。"弄得山谷莫名其妙。又有一天，山谷陪黄龙游山，看到遍地开满桂花，黄龙便问："你闻到桂花了香吗？"山谷回答："是的。"黄龙又说："你看，我一点也没有隐瞒你吧！"山谷大悟，深深地作了一个揖说："你真是老婆心切。"黄龙笑着说："我只是希望你回家罢了。"

译者按：黄龙希望山谷回的是什么"家"？这个家就是本来面目，就是最亲切的自然。春花秋月，青山绿水，一切都现成的在眼前，自然之门是洞开的，道就在其中。可是山谷不知，偏要拼命寻求秘密法门。所以黄龙暗示他一切都是现成的，要他舍高深而归于平淡，回到那个他曾迷失了的"家"去。

（七）向上一路

禅师们精神高扬，永远地追求向上一路。但最有趣的是，从另一个观点来说，他们的向上一路，又是向下的。正如有人问继成禅师：“如何是向上一路?”继成回答：“你还是向下去体会吧!”

这使我想起了十字若望所说的：“愈向下走，愈爬得高，使我达到了目的。”在这里，值得注意的是：这种相反相成的道理正触发了我们的开悟。

十字若望是这种相反相成论的祖师，如他说：

“不想享受一切，而享受了一切；

不想占有一切，而占有了一切；

不想成就一切，而成就了一切；

不想知道一切，而知道了一切。”

这种相反相成的理论和老庄思想共鸣，庄子曾说：“至乐无乐。”

老子也说：

“圣人不积，既以为人，己愈有；既以与人，己愈多。”

又说：

“非以其无私邪，故能成其私。”

其实，老子也正是告诉我们唯有知而不自以为知才是真知。

译者按：作者在这一章中表达禅的精神固然是向上的，但并非一个空虚的形而上间架，而是透过了向下的路，有其实实在在的基础。不仅禅与老庄思想如此，儒家所谓“能近取譬”“下学而上达”，也莫不如此。

（八）哑子吃蜜

俗语说："哑子吃黄连，有苦说不出。"禅师们也有一个相似的说法，如杨岐曾说："哑子做梦，说与谁知。"慧林慈受则说得更巧妙，如下面一段对话：

和尚问："当一个人感觉到而说不出，他像什么？"

慈受说："他像哑子吃蜜。"

和尚问："当一个人并没有感觉到，却谈得有声有色，他像什么？"

慈受说："他像鹦鹉叫人。"

译者按：哑子吃蜜、哑子做梦与哑子吃黄连一样，尽管他们尝到的味道是甜是苦，但都有一种说不出的烦恼。这在世俗的眼光中，当然是一种悲哀。但对于禅宗来说却正要我们学习哑子一样，无论是苦、是甜或是梦，都不足与外人道。最犯忌的就是像鹦鹉一样，心中毫无所得，只在嘴巴上乱说，而流于文字禅、口头禅。

（九）道树应付怪物

道树是神秀的门徒，他和几位学生曾住在山上。那里常常出现一个怪人，穿得破烂，讲起话来却非常粗野和夸大。并且能随意化作佛菩萨、罗汉等形象，道树的学生都非常惊恐，不知这个术士究竟是谁，究竟会变些什么花样。这个怪人一直在那里作祟了十年，有一天终于消失了，不再出现。

道树对他的学生说："这个术士为了欺骗人心，不断变换花样。但我应付他的方法，只是不见不闻。尽管他的诡计层出不穷，总有用完的一天，而我的不见不闻却没有终了。"

有一位和尚曾这样评论："说不到处用无尽。"

译者按：道树的这种方法是运用了老子的一个"无"字，以"无"制"有"。因为这个"有"不论如何广博，如何坚固，总有个边际，总有个竭处。而这个"无"却是至大无外，至小无内，解粘去执，为用无穷。所以老子主无为，禅宗要倡无心了。

（十）奇异的菩萨

善慧菩萨即是闻名的傅大士，生于公元497年，是一位出色的禅宗先锋。有一次，梁武帝请他去讲《金刚经》。他登上台后，拍了一下惊堂木，便下台了。弄得武帝莫名其妙。善慧便问武帝："你了解吗？"武帝回答："完全不了解。"善慧却说："但我要讲的已经说完了。"

另有一次，善慧正在讲经，梁武帝来了，听讲的人都站起来，只有善慧仍然坐着不动。近臣们便对善慧："君王驾临，你为什么不站起来？"善慧回答说："法地若动，一切不安。"

又有一天，善慧穿着和尚的袈裟、道士的帽子和儒家的鞋子来朝见梁武帝，武帝看见他这身奇异的打扮便问："你是和尚吗？"善慧指一指帽子。武帝又问："你是道士吗？"善慧指一指鞋子。武帝最后说："那么，你是方内之人了？"善慧又指一指袈裟。

据说善慧曾有一诗：

“道冠儒履佛袈裟，会成三家作一家。”

铃木大拙说得好：“禅是综合了儒、道、佛三家，而用之于我们的日常生活。”假如这种说法不错的话，那么，善慧早已开了先河。

善慧曾有两首偈子，常为禅家所称引：

“空手把锄头，步行骑水牛。

人在桥上过，桥流水不流。”

“有物先天地，无形本寂寥。

能为万象主，不逐四时凋。”

译者按：善慧是那时的一位奇人，但他这种奇异行为以禅宗思想来看，却毫无奇异可言。他的不讲经，只是表明道的不可说；他的见圣驾而不动，只是强调真人之最尊（以今语译之，就是人格尊严）；他的奇装异服，只是说明他不拘于一教，而要融三家为一体。

（十一）吾丧我

庄子所谓“吾丧我”的意思是指这个真我摆脱了自我。因为真我是透过了自我的消失而实现的，这也是一切宗教和智慧的普遍法则。唯有失了，你才能真有所得；唯有瞎了，你才能真有所见；唯有聋了，你才能真有所闻；唯有离了家，你才能真正地回家。简而言之，唯有死了，你才能真活。生命是吾和我之间永恒的对话。

译者按：伟大的盲女作家海伦·凯勒在《假如给我三天光明》一文中曾说，如果人们在早年有一段时期瞎了眼或聋了耳，那也许是件幸福的事。因为黑暗将使他更了解光明，无声将使他更能享受音籁。这段话可以与作者本节中的见解互相阐明。其实老子的“为道日损”、孟子的“天将降大任于是人也，必先苦其心志”与禅宗的“大死一番，再活现成”，都有相通之处，也都是要消除自我，以求真我。

（十二）出家回家

和尚们骄傲地自称“出家”。的确，离开了亲爱的家而孤独地去求道，并非小事。有一次，曹溪崔赵公问径山道钦他是否可以出家。道钦回答说：“出家乃大丈夫事，非将相之所能为。”

许多禅师都说悟就是回家。他们常提到陶渊明的《归去来兮辞》。下面是长庆应圆禅师的一首诗：

“寒气将残春日到，无索泥牛皆踍跳。
筑著昆仑鼻孔头，触到须弥成粪扫。
牧童儿，鞭弃了，懒吹无孔笛，拍手呵呵笑。
归去来兮归去来，烟霞深处和衣倒。”

译者按：禅师们一致认为道在自己心中，宝藏也在自己家中，因此求道觅宝，不必苦苦向外追求，只要返向内心，在自己家中就可享用不尽了。但以译者来看，也许人在福中不知福，必须浪子回头，才知家的温暖，必须出家以后，才能真正地回家。不过这时的“回家”，已经与“出家”时的那个“家”完全不同，已不是那个尘俗的家，而是自己的本来面目了。

（十三）导演上帝，或让上帝自演

在这个混乱的时代中，有一本发人深省、极有意义的书，就是高汉（Dom Aelred Graham）的《禅的天主教义》。作者认为禅的精神是让上帝自演，而不要导演上帝。他极为深刻地说：“悟是自我意识的消失，无我意识的完成。使我们不再导演上帝，而让上帝自演。”

这种境界不是言语所能形容的，但我们却可以从庄子的一段描写中看出：

“鱼相造乎水，人相造乎道。相造乎水者，穿池而养给；相造乎道者，无事而生定。故曰：鱼相忘乎江湖，人相忘乎道术。”

译者按：“相忘乎道术”是庄子思想的最高境界。所谓“相忘”就是《大宗师》篇里的“与其誉尧而非桀，不如两忘而化其道”。也即是慧能所谓的“邪正俱不用，清净至无余”，“憎爱不关心，长伸两脚卧”的意思。所以在这里我们可以看出道和禅的相通之处，我们也可以说这是禅和道的“相忘乎道术”。

（十四）铃木大拙的禅味

那是在1959年的夏天，夏威夷大学举办第三届东西哲学会议，主讲人之一是89岁高龄的铃木大拙。一天晚上，他向我们报告日本的人生哲学说：“日本是生于儒，死于佛。”这样的说法使我深为感动。当然我了解他的所指，因为这在中国本是如此。不过，我以为这有点夸大，必须稍加修正。因此当他念毕报告后，我便要求主席让我问铃木大拙博士一个问题。得到了允许后，我便说：“我听到铃木大拙博士说‘日本是生于儒，死于佛’，深为感动。但近年来，我很荣幸地读到铃木博士《生于禅》一文，难道禅不是佛家吗？或者日本只有铃木博士一人是生于禅的吗？假如还有其他的日本人是生于禅的，那么所谓‘生于儒，死于佛’的说法便要修正了。”主席很小心地把我的问题转告铃木博士（因为他的听觉有点不便），整个讨论会场的人都好奇地听取回答。铃木博士听到主席的话后，便以大禅师的口吻，不假思索地说：“生就是死。”这回答使得整个会场骚动。每个人都在笑看我的反应，而我却大悟了。他并没有回答这个问题，却把我带入了一个更高的境界，这境界是超乎逻辑和理智，超越了生和死。我真想给铃木博士一掌，以表示和他共鸣。但我没有这样做，因为我毕竟是“生于儒”的。

（十五）与霍姆斯的一席谈

1923 年，我在老友霍姆斯法官家中度圣诞假期，有天早晨，他带我去参观他的私人图书馆，其中除了法学书籍，还有不少艺术、文学、哲学方面的名著，不时地，他抽出一二本书来，告诉我他对该书的看法。他告诉我詹姆斯（William James）和罗伊斯（Josiah Royce）如何经常与上帝捉迷藏，他如何欣赏《金枝》一书，他如何被托克维尔（Tocqueville）的著作所深深地感动，尤其是《旧制度与大革命》一书，他认为必须阅读以增进知识。最后，他以一种严肃的神情对我说：“亲爱的孩子，我还没有让你看图书馆中最好的书籍呢！”我迫不及待地问：“收藏在哪里？”他指着较远的角落说：“在那儿。”我一看，大为惊奇，因为那是一个空架。于是我笑着说："啊！你的精神真伟大，是永远向前的。"接着，我觉得他不仅是向前，而且是向上。尤其在我研究《道德经》，发现老子强调"无"和"无名"之后，对于他所指的，更有了透彻的了解。

总之，霍姆斯的这一做法，洗净了我的尘俗之见。某天晚上，当我们正在一起闲谈，霍姆斯夫人（她和霍姆斯一样已是 80 岁高龄，也像他一样活泼）进来了，我便迎着她，打趣地说："夫人，我为你介绍霍姆斯法官。"她和他握手说："霍姆斯先生，幸会了。"这仿佛是六十多年前，她第一次遇见他的情景，这时，我们三人都相顾失笑了。托马斯不是说过：哲学家是以新眼光看旧事物，以旧心情看新事物。这时，我对道家仅有一知半解，也从来没有听到过禅。现在看起来，那无疑是一个禅的境界。已触及了时间的永恒，像野鸭子飞过了马祖和百丈的头上。这个经验虽然已过去，但其存在却是永恒的。

（十六）禅的形而上基础

禅，虽然是不可思议的，但它并非没有形而上的基础。它的形而上的本质可以从老子《道德经》的第一章中看出："道可道，非常道；名可名，非常名。无名天地之始；有名万物之母。故常无欲，以观其妙；常有欲，以观其徼。此两者，同出而异名，同谓之玄。玄之又玄，众妙之门。"

这一章和禅宗思想的关系，可以简述如下：

第一点：道是无可名状的，任何言语文字都隔了一层，不能表达真境，我们只有用直观去亲自体验。祖师的言语只是唤起你的直觉，而不是把道从外面灌输给你。"名"之所以为"名"，也只是唤醒你心中之道的一种方便法门而已。

第二点：道是超乎名与无名的，从绝对的真如来说，它是无名的，但从相对的现象来说，它又是万物之母。

第三点：道包含了本体和现象，是两者的共同渊源。道之所以能包含这两者，乃是因为它超越了这两者。这种包含和超越之相生相成，是玄之又玄的。

第四点：由于玄之又玄，所以我们不能理解它。但我们本就是玄妙的一体，我们活于其中，动于其中，存于其中，深入其中而直达“众妙之门”。正如宗教哲学家默顿研究道家和禅宗时曾说：“进入绝对的门是大开的，我们好像掉入了无限的深渊，虽然是无限的，却又在我们的周遭。在这个平静和无声无息中，我们掌握了永恒。”

（十七）骑驴的烦恼

清远佛眼禅师认为学禅有二病：一是骑驴寻驴，一是骑驴不肯下。骑驴寻驴的毛病易见，当你心向外逐，便忽略了内在，而徒劳无功。天堂本在你心中，可是你却向外求玄。世界上不知有多少烦恼，就是由于这种颠倒梦想而致。

马祖曾说“自家宝藏”，唯有返向内心，你才能找到真正的宝藏。如果苦苦向外追求，你一定会失望的。虽然在你的潜意识中，暂时满足于那些虚幻之物，但你不能永远欺骗自己。莱昂·布洛伊（Leon Bloy）深刻地说：“我们只有一种忧虑，就是生怕失去了乐园。我们只有一个欲望，就是希望能得到它。诗人以自己的方式寻求，浪子也以自己的方式寻求。他们都只有一个目的。”但悲剧的产生乃是由于他们都不知道乐园就在自己心中，却背道而驰地向外寻求。

第二种病是比较微妙而难治的。现在你已不再向外寻求，你已知道自己骑在驴上，你已体验到内心的安宁，远比从外物所得的快乐更为甜蜜。但最大的危险是你过分迷恋它，反而会失去了它。这就是清远所谓的“骑驴不肯下”。这也是宗教沉思者的通病。在默顿所著《禅思的种子》一书中，就曾指出这种危机：

“这种含蕴的，不可分的内心的安宁，正像宗教仪式上的涂圣油，当它被触摸时，便失去了芳香。你无须追求它或占有它，也无须使它更香更甜或永远不消失。

这种沉思的心境像乐园中的亚当和夏娃，一切都是为你所有，不过有个非常重要的条件，就是一切都是被赐予的。

这不是你所能求的，也不是你所能要的，更不是你所能取的，当你想占有时，便失去了你的伊甸园。”

在这里，我想起了龙潭崇信的顿悟，这颗稀世的珠宝，只有不贪爱的人才能得到。

清远最后劝我们：“不要骑驴，因为你自己就是驴，整个世界也是驴，你无法骑它。假如你不想骑，整个世界便是你的坐垫。”

（十八）神秘和平常

有一次，南泉普愿禅师偶游到一个村庄上，不料庄主知道消息，便出来迎接。南泉大为惊讶地说：“我凡是要去一个地方，事前总没有告诉别人，请问今天你们怎么知道我要来贵庄?”庄主回答：“昨晚我做了一个梦，梦见土地公公说你今天会来。”南泉叹口气说：“这是我的修行工夫尚未到家，所以才会被鬼神看到啊!”

禅师们一致看轻秘密作用或神秘的力量，牛头法融的故事便是最好的证明。法融是江苏延陵人，出身于书香门第，19 岁的时候，便博通经史，后来醉心般若，悟透真空。他曾说：“儒道世典，非究竟法，般若正观，出世舟航。”于是便拜师落发，隐居山寺。后来他到了牛头山，住在幽栖寺北的一个岩洞里，传说他隐居的地方，常有各种鸟儿衔着花朵，向他致敬。

后来，四祖道信遥观牛头山的气象，觉得其中必有异人，便亲自来访，到幽栖寺问一位和尚说：“这里是否有道人？”和尚回答：“出家人，哪个不是学道的？”道信说：“我是问你们当中，哪个是有道之人？”另外一位和尚回答：“离这里十里左右，有个人叫作‘法融’，他看到别人既不站起来打招呼，也不合掌礼拜，是否他就是你要寻的道人？”听了这话，道信便依照指示而去，看到法融坐在那里旁若无人。道信便问他：“喂，你在这里做什么？”法融回答：“观心。”道信又问：“是什么在观？被观的又是什么？”这话问住了法融，于是法融便起来行礼说：“大德住在哪里？”道信回答：“贫道居无定所，或东或西。”法融问：“你认得道信禅师吗？”道信反问：“你为什么要问他呢？”法融说：“我早已听到过他的大名，很想看看他本人的面目。”道信笑着说：“我就是他啊！”法融便问：“请问你到这里有何贵干？”道信回答：“只是来看看你罢了。”于是法融便请道信到他所住的小庵内。当道信看到小庵附近常有虎狼跑动，便举手好像有点害怕。法融就说：“不要怕，还有这个在。”道信问：“什么是这个？”法融不语。过了一会儿，道信在法融常坐的石头上写了个佛字，法融看到了这字，面露敬畏之色。道信就说：“不要怕，还有这个在。”法融不知所以，便请道信讲解法要，道信说：

> “夫百千法门，同归方寸，河沙妙德，总在心源。一切戒门、定门、慧门、神通变化，悉自具足，不离汝心。一切烦恼业障，本来空寂。一切因果，皆如梦幻。无三界可出，无菩提可求。人与非人，性相平等。大道虚旷，

绝思绝虑。如是之法，汝今已得，更无阙少，与佛何殊？更无别法，汝但任心自在，莫作观行，亦莫澄心，莫起贪瞋，莫怀愁虑，荡荡无碍，任意纵横，不作诸善，不作诸恶，行住坐卧，触目遇缘，总是佛之妙用。快乐无忧，故名为佛。”

法融听了后，恍然大悟，于是不再隐居，而到各地行化，并精研《大般若经》。

虽然法融的牛头禅被后人认为是禅宗的旁门，但他对禅理的发扬，却功不可没。他那些智慧的名言后来流传到了日本，更大为发展。不过在中国牛头禅之传授门徒还要等到法融之后的公元8世纪。现在，法融的诗偈可说已被佛家公认为中国大乘佛学的精华了。

禅宗有个很普遍的公案是以法融为对象的，如大家常问：法融未遇道信前有“百鸟衔花之异”，可是遇到道信后，为何却没有神异了？显然的，所有禅师都一致公认后一境界比前一境界为高。不过对于这两种境界的描写各有不同，如：

善静禅师：

“异境灵松，睹者皆羡”——前

“叶落已枝摧，风来不得韵”——后

广德义禅师：

“鲊瓮乍开蝇咂咂”——前

“底穿荡尽冷湫湫”——后

彰州怀岳禅师：

“万里一片云”——前

“廓落地”——后

螺峰冲奥禅师：

“德重鬼神钦”——前

“通身圣莫测”——后

从上面这些例子，我们可以很清楚地看出禅的精神。由于禅师们能切实地证悟，才能使他们正确地把握精神生活的价值。感官上的慰藉固然不应轻视，但进入最高境界时，却自然会摆脱了它们。“孤寂”正像面团一样，虽然淡而无味，但却极为受用。尤其最值得注意的一点是，一个人内在的生活不是世俗所能知的，这正说明了法融遇道信之后，一切神异都看不到了，也正是南泉所谓内在的生活是不易被鬼神窥见的意思。

然而以道的眼光来看，表面上孤寂，实际上却是美好得有如伊甸园。这一点曾被云门宗的两位法师描写过：

德山圆明禅师：

“秋来黄叶落”——前

“春来草自青”——后

云门法球禅师：

“香风吹萎花”——前

“更雨新好者”——后

这是一个极妙的看法，这些禅师把这块孤寂之地看作开满了百合的花园。

任何偏于神秘主义的信徒，都会看出禅的精神和传统。难怪醉心东方哲学和宗教的托马斯·贝里（Thomas Berry）神父称禅为“亚洲精神的高峰”，他真可谓知言了。

（十九）谁创造上帝

有一次，某位佛学家问我：“上帝创造万物，但谁创造上帝呢?”我说：“那正是我要知道的，谁创造上帝呢?”我们都相顾而笑。

我们所谈的这个问题，有点像赵州问大慈：“般若以何为体?”大慈也说：“般若以何为体?”赵州立刻发现他问错了，便哈哈大笑。

译者按：以译者的看法，上帝创造万物，这是就万物来说，因为万物都是现象界的东西，所以可用“创造”两字来描述。但谁创造上帝，这就要推到比上帝更高的境界了，而上帝本身已属形而上，在描述形而上的本体时，不能用形而下的“创造”二字，否则上帝便变成了物。所以“谁创造上帝”这句话本身已犯了逻辑上的错误，因为当你用“上帝”两字时，早已暗指“上帝”是最高的主宰，第一原因，不能被创造的本体，现在你却要问最高之上还有谁，第一原因的原因是什么，不能被创造的本体是谁创造的。这不是自我否定，自打嘴巴吗?

同理，般若本来就是指万物的本体，而赵州却要问什么是般若的本体，这就同问本体的本体是什么，岂不是矛盾得可爱?难怪赵州知道了后，要哈哈大笑。

这“大笑”也是禅师们解决问题的一法，因为人世的一切，都像“本体以什么为本体”那样可笑，所以禅师们都付之一笑。吴博士在课堂上曾向译者提到此点，后来译者在赠书时，曾题下“大笑是禅声”一语。译者之所以画蛇添足，也只是为了博得读者一笑。

（二十）追求自我的罗曼史

“对于我来说，做圣者，就是做你自己。因此所谓神圣，或

超度的问题，实际上，乃是追究什么是我，以及如何去探索这个真我。”

这是默顿在20年前所说的话，那时他完全没有触及庄子和禅宗思想。可是这些话也是道家和禅宗努力追求的目标。而他之所以近些年来醉心于道和禅，也绝不是偶然的了。

庄子曾说：“有真人，而后有真知。”我觉得笛卡儿的“我思，故我在”应反过来说“我在，故我思”。因为“唯有真人，才能有真知”。真人就是能发现真我的人。我们的生命就是罗曼史，就是追求真我的罗曼史。道德的根本原则是“众善奉行，诸恶莫作，自净其心”，而其端点乃是去发现自己。庄子在下面一段妙文中曾写尽了他生命的罗曼史：

> “仁义，先王之蓬卢也，止可以一宿而不可以久处，观而多责。古之至人，假道于仁，托宿于义，以游逍遥之虚，食于苟简之田，立于不贷之圃。逍遥，无为也；苟简，易养也；不贷，无出也。古者谓是采真之游。”

我们的整个生命正像从假我到真我的朝圣进香。没有任何罗曼史比这种进香更有意义，更为动人。因为进香的目的和历程都充满了罗曼蒂克，没有罗曼蒂克就没有生命。这也就是禅师之所以要常常引用那句“不风流处也风流”的名诗了。

好几年前，霍姆斯法官写信告诉我要“面对不如意之事”，要“下定决心使平凡的生活充满了罗曼蒂克”。世事真奇妙，这位十足的美国人，居然把我带回到东方的智慧，或者说，回到我的本来面目。

（二十一）特立独行的精神

禅师们最动人的个性是特立独行的精神。他们一心只求最急切之事，而不向任何其他人物敷衍和低头。正如石头希迁禅师所说：

“宁可永劫受沉沦，不从诸圣求解脱。”

这并不是骄傲，而是智慧的流露。因为没有任何外在的力量能使你解脱，只有真理才能使你逍遥，也只有你自己才能证入真理。

有一则有趣的逸事：据说仰山的学生文喜在厨房内做事，常有文殊菩萨现身。文喜曾拿着炒菜的用具，把这个幻影赶走说：“文殊自文殊，文喜自文喜。”

翠岩可真禅师也这样说：

“丈夫自有冲天志，莫向如来行处行。”

禅师们公认最难之事就是要做个大丈夫。我们必须先通过许多碎心的折磨，不易克服的艰难，死般的孤寂，恼人的犹疑，令人不安的引诱，然后才能达到顿悟之门。这也就是禅师们之所以要全力以赴，绝不放松一步、喘一口气的原因了。

（二十二）老师的任务

由于禅宗特立独行的精神，他们常否认自己得自于老师的传授。如雪峰义存提到他的老师德山宣鉴时曾说：“我空手到他那里，也空手而回。”实际上，这也是千真万确的，因为没有一位老师能把任何东西灌输给学生，老师只是在学生需要时从旁辅导而已。

石头希迁第一次拜访他的老师青原行思时，青原问他：“你从哪里来？”石头回答：“从曹溪（即六祖慧能）处来。”青原又问：“你带了什么而来？”石头回答：“我去曹溪之前就没有缺少什么。”

青原又问："既然如此，那么你为什么又要去曹溪呢？"石头回答："要是我不去曹溪，又怎样知道我是没有缺少什么呢？"

在这里，我们可以很清楚地看出：虽然老师不能把任何东西灌输给你，但他却能帮助你看到内心的一切。他的教训至少可以说是使你开悟的一种媒介。

（二十三）禅师常引用的诗句

禅师们最喜爱的是王维的诗句：

"行到水穷处，坐看云起时。"

我在有关禅的文字里，常看到这两行诗句，有一位禅师加了四个字说：

"未能行到水穷处，难解坐看云起时。"

王之涣有两句诗，常被引作向上一路，就是：

"欲穷千里目，更上一层楼。"

最有趣的是法演禅师曾引用两句艳诗：

"频呼小玉元无事，只要檀郎认得声。"

这里我们需要略为解释一下："小玉"是新娘的婢女的名字。在古代中国，一个有钱人家的小姐出嫁时，在头几天，常需要婢女帮她穿衣打扮。通常，在婚礼之前，新郎和新娘都未曾见过面，但他们一见面，便一见钟情。这时，她虽然爱上了新郎，但又难以启口，而且新郎也像她一样害羞。因此为了使新郎知道她的声音，她便一再地喊婢女。当婢女问她要些什么时，她又茫茫然地说："啊！没有什么。"

但这与禅又有什么关系呢？新郎正像"无位真人"，是不可思议的，你不能唤他，因为他"无名"。然而尽管如此，你却不能否认已深深地爱上了他，所以即使你唤别人的名字，也表示出你对他的爱心。他是你所有举动和谈话的真正目的，虽然你的举动和谈话不是直接对准他，但却是帮助你表达了说不尽的情意。

法演的学生圆悟，也写了一首绝妙艳诗似的偈子：

“金鸭香销锦绣帏，笙歌丛里醉扶归。少年一段风流事，只许佳人独自知。”

禅是极度个人化的东西，常被比之于吃饭喝水。圆悟的这首偈子可说是唯一以情爱的方式来谈禅的了，当然其真意也是很明显的。

（二十四）庄子和法眼

梁山缘观禅师是属于曹洞宗的人物，有一次某和尚问他什么是“正法眼”，他回答“南华里”。“南华”就是《庄子》一书（天宝元年诏号《庄子》为《南华真经》），这回答使那位和尚大为吃惊。因此又问：“为什么在南华里？”梁山回答：“因为你问正法眼啊。”

庄子和禅之间的关系是非常密切的，许多禅师都是由庄子的道而悟入，例如明朝的憨山德清（公元1546—1623年）曾写了一部《庄子注》，我觉得它远比郭象的注解出色。

大慧宗杲曾引申庄子的思想，认为道是超于“言”和“默”的。他不仅厌弃话头禅和默照禅。而且反对禅理是在于公案。他甚至要烧掉老师圆悟所写的《碧岩录》。他眼中的禅正和庄子的道一样，是无所不在的。实际上，禅是因时而为与不为，语时默，默时语，动中有静，静中有动，完全在于时机。假如你行得其时，便等于不行，言得其时，便等于无言。

由于大慧学说的渊博，可见他是思索多于默想。他像一位歌唱家那样高唱入云，令人觉得他的声音是发自喉咙，而不是丹田。唐代的禅师们却发自脚跟。大慧由于过分出色，反而使他的思想不易深入。所以临济宗到了大慧，正像法眼宗到了延寿便逐渐衰微，这也不是偶然的。

(二十五) 善是入禅之路

禅师们曾强调直观是通向开悟之路，但以笔者的看法，不仅是顿悟，而且许多发自内心的善念也能使我们挣脱小我的躯壳，打破观念和范畴，而直达真如境界。当我们的善念从内心中流出，而不局限于责任义务等观念时，这就是禅。下面是有关这方面的几个故事：

1. 韩伯俞

他的母亲性情非常暴躁，当他小时，常遭母打，但他每次都很乐意地接受，毫不哭泣。有一天，当他挨打时，却伤心地哭了，他母亲大为惊奇地问：

“以前你受罚时，都很高兴，为什么今天却哭了？”

伯俞回答：

“以前妈打我时，我感觉痛，所以知道妈很健康，但今天我不觉得痛，因此深恐妈体力衰弱，怎能不哭呢！”

2. 洪祥

他的父亲瘫痪了，他日夜服侍，递汤送药没有一刻休息，但他父亲感到要新婚的儿子整晚离开媳妇，有点过意不去，便对他说：

“我现在好一点了，你回房睡吧！晚上只要留个仆人服侍就够了。”

洪祥表面上答应父亲的话，可是一等父亲睡了，便溜进房间睡在父亲的床旁，深夜，他父亲要下床，看到仆人正在熟睡，便想自已站起来，但很痛，正要跌倒时，洪祥赶紧起来扶住了他，他父亲奇怪地问是谁，他回答“爹，是我”。他父亲被他的孝心所感动，抱住了他哭着说：

“天啊！你是这样的孝顺啊！”

3. 杨黼

他离别双亲到四川去拜访无际菩萨，在路上碰到了一个老和尚，那和尚问他：

“你去哪里？”

杨黼告诉对方他要去做无际的学生，老和尚便说：

“与其去找菩萨，还不如去找佛。”

杨黼问：

“哪里有佛啊？”

老和尚回答：

“你回家时，看到有个人披着毯子，穿反了鞋子来迎接你，记住，那就是佛。”杨黼依照吩咐回家，在抵家的那天，已是深夜，他的母亲已睡觉了，一听到儿子叫门，高兴得来不及穿衣，便披上毯子当外衣，匆忙中，拖鞋也穿错了脚，赶紧来迎接儿子，杨黼一看到母亲这种情形，立刻大悟，此后他便专心侍奉双亲，并写了一大部的《孝经注》。

最有意义的是，杨黼的故事出于道家的逸事，因此我们可以看出道家也运用了佛菩萨的智慧（因为这个老和尚即是无际）来宣扬儒家的伦理。

当道德是从赤子之心的净泉中流出时，那也是非常柔和美丽的，它也和蛙声一样，使我们能够大彻大悟。

（二十六）寒山和拾得

唐代有一首非常扣人心弦的诗，就是张继的《枫桥夜泊》：

“月落乌啼霜满天，
江枫渔火对愁眠。
姑苏城外寒山寺，
夜半钟声到客船。”

这首诗洋溢着禅的芳香，突然使我们触及了时间的永恒。

寒山寺在苏州城外，是为了纪念寒山子而立的。据说寒山是一位传奇性的人物，是在7世纪时，住在浙江天台山国清寺的一位隐士，他不是和尚，不是居士，他就是他自己。他有位知己朋友，叫作拾得。拾得在国清寺的厨房内做事。每次饭后，寒山便到厨房内吃别人剩下的饭菜。于是这两位忘形的朋友便在一起谈天说笑。庙里的和尚们都以为他们是两个大傻瓜。有一天，拾得正在扫地，有位老和尚对他说：“你名叫拾得，是因为丰干禅师把你拾来的！请问你的真姓名是什么？”拾得便放下扫帚，默默地叉手而立。老和尚莫名其妙，再问时，他便拿起扫帚，走开了。又有一次，寒山捶胸大叫：“苍天，苍天！”拾得便问：“你在干什么”？寒山答：“你没有看到吗？东家邻居死了人，西家邻居去吊丧。”于是他们两个人便载歌载舞，大笑大哭地走出寺门。

国清寺每逢月半，都要念经。当大家集合在一起时，拾得突然拍手说：“你们集合在这里沉思默想，究竟对‘那事’有什么用啊！”寺主骂了他一顿，他却说：“请听我的：不怒就是持戒，心净就是出家。我的自性和你的一样，一切道理都无间隔。”

第十四章

禅的火花

寒山和拾得都是诗人，我先举拾得的一首诗来看：

“从来是拾得，
不是偶然称。
别无亲眷属，
寒山是吾兄。
两人心相似，
谁能徇俗情？
若问年多少，
黄河几度清！”

大家都知道黄河有史以来未曾清过。后面两句诗就是写出他们的生命，比历史还要长，比世界还要久。在全诗中，另外一个重点，说明了即使是隐士（寒山、拾得是中国最伟大的隐士），也需要知音，来互相慰勉，以期自己具有完美的人性。

至于从寒山的诗中，你将发现他更富有人性。他有时也会感觉孤寂和思家，而坦然地说：

“独坐常忽忽，情怀何悠悠。”

有时，他也怀念兄弟说：

“去年春鸟鸣，
此时思兄弟。
今年秋菊烂，
此时思发生。
绿水千肠咽，

黄云四面平。

哀哉百年内，

肠断忆咸京。”

要不是至情之人，不会有这样的慨叹了。假如他甘愿做一个隐士的话，那是因为他被神秘的冲动所驱使，而去寻求超乎世俗的东西，下面是他的一首诗：

“昔日极贫苦，

夜夜数他宝。

今日审思量，

自家须营造。

掘得一宝藏，

纯是水精珠。

大有碧眼胡，

密拟买将去。

余即报渠言，

此珠无价数。”

他内心的光景也可从下面一首偈子中看出：

“吾心似秋月，

碧潭清皎洁。

无物堪比伦，

教我如何说。”

由这境界来看，无疑地，他是深爱着自然，也唯有自然才能反映出他内心的一切。他有许多写自然的诗，都流露着缥缈之乐。例如：

“岁去换愁年，
春来物色鲜。
山花笑渌水，
岩岫舞青烟。
蜂蝶自云乐，
禽鱼更可怜。
朋游情未已，
彻晓不能眠。”

唯有得道之人，真正超越之人，才能随心所欲地享受自然的美妙。一般人由于心中充满了利欲和意图，反而不能享受自然的风光。正如一个名叫陈道婆的老太婆，看到樵夫而写了首偈子：

“高坡平顶上，尽是采樵翁；人人尽怀刀斧意，不见山花映水红。”

(二十七) 谁是那个人

永安传灯禅师对僧徒们说：

“这里有一个人，他不靠佛，不生三界，不属五蕴，祖师不能服之，菩萨不能名之，请说谁是这个人。”

五泄灵默禅师同为石头和马祖的学生，有一次某和尚问他：“什么比天地还要大?”他回答：“没有人知道他。”

灵默虽然最先是马祖的学生，但他却是在石头那里悟道的。据说他到石头门下时，不受注意，气得立刻便走，石头在后面喊道："高僧！"灵默回过了头，于是石头便说："从生到死，只有这个，回头转脑做什么？"听了这话，灵默大悟，便在石头那里住了下来。

禅师们常以不同的名字来称这个自性，如"这个""那个""伊""本来面目""无位真人""自己"等，有时甚至称为"家贼"。

禅的真意是要以最亲切的经验，把"那个人"看作你自己。至于真我如何才能与"上帝"发生关系，这点我也不知道。我只知道真我是真我，上帝是上帝，这两者都是不可思议的，谁能说出他们的关系？布伦以为用文字来描写上帝，正如许多瞎了眼的狮子各自在沙漠中寻找水源一样。这关系犹如树和枝叶。这整棵生命之树是多中有一，一中有多。不是二元，也不是一元的。事实上，禅师要舍弃二元，并不像西方许多学禅者一样，又落于一元。这就是我之所知，我之所能说的了。

（二十八）禅宗解儒

《中庸》上曾说："天命之谓性，率性之谓道，修道之谓教。"依照大慧宗杲的看法，"天命之谓性"等于法身，"率性之谓道"等于报身，"修道之谓教"等于化身。假如你能打破语言文字上的间隔，你将发现这种解释的确是虽不中，亦不远也。

（二十九）悟的机遇

顿悟是不可能描写的，但研究悟的机遇，不仅可能，而且是极为动人的。

张九成居士有一次正在想一个公案，突然听到青蛙的叫声，立刻大悟，写了以下的两句偈子：

“春天月夜一声蛙，
撞破乾坤共一家。”

一位和尚研读《法华经》，看到“诸法本寂灭”处时，不禁心中起了怀疑，日夜地思考，甚至行住坐卧都在想。但是他愈想，心中愈乱。在某个春日，突然听到黄莺的一声鸣啼，他便恍然大悟，立即写了下面的一首偈子：

“诸法从本来，常自寂灭相。
春至百花开，黄莺啼柳上。”

要不是这突然的一声莺啼，他又怎能了解宇宙的寂灭之相呢?!

不仅是声音，而且颜色也可使我们开悟。灵云志勤禅师便是见桃花而大悟的，他曾说：

“自从一见桃花后，
直至如今更不疑。”

当然，他以前也曾看过桃花，不过只有这一次，他看得最为真切，这也是他第一次面对着永恒的虚空，好像这些桃花都来自活泼泼的心灵。以前，他只是梦中看花，而这一次，由于他内在精神的开悟，使桃花的形象，打开了他的心眼，看到美的源泉。这时，他所看到的桃花，不是孤立的物体，而是整个宇宙的活泉。

这使我想起了南泉和他的学生陆亘居士的一段故事。陆亘曾问南泉有关僧肇的两句话：

"天地与我同根，

万物与我为一。"

南泉指着庭前的牡丹花说："一般人看到这株花，好像在梦中。"陆亘仍然不了解南泉的意思。

假如陆亘懂得僧肇的思想（其实这两句话，是引自《庄子》），便了解南泉的意思。只有你体验到天地和我是同一本源，万物和我共一体性，你便会如梦初醒，看得真切。

假如我们眼中的上帝，不仅是位至高的工程师，而且是位至高的艺术家或诗人的话，那么，整个自然便会以最新的面貌呈现在我们的眼前，使我们的心灵欣赏其动人之美，好像处身于乐园之中。正如诗人萨迪所说：

"凡是醉心于上帝的人，

哪怕听到水车的碾轧声，也会忘形。"

有些禅师认为一个人觉悟之后，也能以眼去听。赞美诗的作者便是这种人，他曾唱着：

"乾坤揭主荣，

碧穹布化工；

朝朝宣宏旨，

夜夜传微衷。"

（三十）日日是好日

云门有一次问僧徒们说："我不问你们十五日（月圆）以前如何，我只问你们十五日以后如何。"僧徒们不能答，于是云门便说：

“日日是好日。”

十五日的月圆象征开悟。开悟之人是自由的。世界上，没有比死更坏，没有比生更好。这并不是说他能免于未来的打击，而是他知道那些都不会有害于他。

《无门关》一书的作者无门和尚，曾替南泉的“平常心是道”作了一首可爱的小诗：

“春有百花秋有月，夏有凉风冬有雪；若无闲事挂心头，便是人间好时节。”

最大的曲成之道，是一个人不关心自己的生命，反能真正享受生命之乐。只有不关心，才能真正照顾别人。

这使我想起了圣若望第二十三世，究竟是什么使他那样感人，那样伟大？这是因为他能把自我完全沉入了对上帝的信仰中。对于他来说“每日、每月都是圣主所赐，都是同样的美好”。在 1962 年的圣诞节，他说：“我已进入了 82 岁高龄，我将走完人生的旅程，日日都是生日，日日也都是死日。”在他临终时，看到朋友们在哭泣，他要他们唱圣母玛利亚的颂歌，并说：“勇敢点，这不是哭泣的时候，这是快乐和光辉的时候。”他安慰他的医生说：“亲爱的教授，请别伤心，我的行囊随时准备着，离开的时候一到，我便不会耽搁一分一秒的。”

对于死之一念，如此乐观，人生还有什么可怕，还有什么不好的时辰？这正是庄子之所以要鼓盆而歌，云门之所以要说“日日是好日”了。